Warum uns ein schöner Haushalt glücklich macht

Und wie er gelingt

Kornelia Wassersteiner

Inhalt

Warum uns ein schöner Haushalt glücklich macht

In früheren Zeiten war der Haushalt Lebensmittelpunkt einer ganzen Familie. Er war der Ort, an dem man seine Freizeit verbrachte, sein Leben organisierte und Feste feierte. Und in jedem Haushalt gab es eine Hausfrau, deren Full-Time-Job es war, für dieses Zuhause zu sorgen und es zu erschaffen.

Diese Lebensweise hat sich verändert. Das Zuhause ist heute vielfach nur noch ein Rückzugsort, an dem man schläft und seine Sachen aufbewahrt. Es ist nicht mehr so sehr der Lebensmittelpunkt. Man verbringt viel Freizeit außerhalb der eigenen vier Wände und kommt erst zum Schlafengehen nach Hause.

Die Veränderung, vom turbulenten Lebensmittelpunkt zum Rückzugsort, hat auch die Anforderungen an Haushalt und Hausarbeit verändert.

Der „richtige" Umgang mit Hausarbeit wird von Generation zu Generation weitergegeben, und die Umstellung in unseren Köpfen ist viel langsamer, als das rasante Tempo, mit dem sich die Lebensumstände der Generationen verändert haben.

Die Bilder, die wir von einem schönen Haushalt im Kopf haben, passen nicht zu unseren Lebensgewohnheiten, und die

Art der Hausarbeit, die wir von unseren Müttern und Großmüttern gelernt haben, nicht zu unseren Alltagsmöglichkeiten.

Wir sind hin und hergerissen, zwischen dem Gefühl schön wohnen zu wollen, wir spüren, dass wir uns in einer sauberen, aufgeräumten Umgebung wohlfühlen, und dem Gedanken, dass die nötige Hausarbeit viel zu viel von unserer Freizeit und unseren Energiereserven frisst, und den Aufwand nicht wert ist.

Auf der einen Seite steht der Anspruch eine Wohnung zu haben, in der die Schwiegermutter jederzeit unters Sofa sehen darf, ohne Wollmäuse zu finden. Auf der anderen Seite ist es nicht mehr salonfähig zuzugeben, dass man Hausarbeit macht.

Wenn man Kinder bekommt, sind die „Wenn man ein Baby hat, bleibt der Haushalt eben liegen“ Parolen inzwischen so stark, dass man sich kaum traut zu sagen, dass man eigentlich mit seinem Neugeborenen auch gerne in einem gemachten Bett und einem aufgeräumten Wohnzimmer sitzen möchte.

Ein Haushalt ist heute nicht mehr so viel Arbeit, wie er früher einmal war. Wir haben Möglichkeiten, von denen unsere Großmütter nicht einmal geträumt haben. Waschmaschine, Trockner, Spülmaschine, Staubsauger – alles Wundergeräte. Und wir müssen nicht mehr jeden Firlefanz mitmachen.

Handtücher müssen nicht gebügelt werden und es muss nicht auf jeder Fläche ein gestärktes Deckchen liegen.

Aber wir dürfen zugeben, dass wir uns in einem schönen Zuhause wohler fühlen, als in einem chaotischen Schlachtfeld namens Wohnzimmer.

Schluss mit den Ausreden, warum wir keinen Haushalt führen und uns in unserem Sauhaufen eh total wohl fühlen. Wir klopfen uns gegenseitig auf die Schultern, weil wir es geschafft haben, uns von der Hausarbeit zu emanzipieren.

Wenn das wirklich Ihr Ernst ist, wünsche ich Ihnen viel Spaß in Ihrer haushaltsfreien Bude. Ich mag meine Wohnung ordentlich und sauber, es macht mir nichts aus, dafür zu sorgen, und ich verspreche Ihnen, dass es gar nicht so schwer und zeitaufwändig ist, wie Sie jetzt vielleicht noch denken.

Eine schöne, aufgeräumte Wohnung strahlt Ruhe aus, gibt Energie und ist ein Rückzugsort, an dem man sich vom hektischen Leben draußen erholen kann. Es fühlt sich gut an, wenn meine Sachen in Ordnung sind und nicht ständig Zweifel an mir nagen, ob ich meinen Kindern nicht vielleicht etwas schuldig bleibe und ihnen kein richtiges Zuhause biete.

In diesem Buch zeige ich Ihnen eine moderne Herangehensweise an einen schönen Haushalt, und wie man ihn mit realistischen Mitteln umsetzen kann, ohne sich in einen Putzdrachen verwandeln zu müssen.

Natürlich gibt es keine Wunder. Sie müssen schon ein bisschen was tun, vielleicht ein wenig umdenken und sich an ein paar Spielregeln halten. Aber die Umsetzung klappt bestimmt. Egal wie chaotisch Ihre jetzige Ausgangslage ist, wenn Sie mitmachen, und sich ein bisschen Mühe geben, kommen Sie am Ende zu dem erholsamen, schönen Zuhause, von dem Sie immer geträumt haben.

Wir beginnen ganz von vorne – mit Level 0 – und werden uns Stück für Stück durch die einzelnen Aspekte eines modernen Haushaltes arbeiten.

Level 0 – Was sein muss, muss sein

Level 0 steht vor der eigentlichen Hausarbeit. Aber da ich Ihnen versprochen habe ganz von vorne zu beginnen, beginnen wir hier.

Leider müssen wir unsere Reise mit ein paar unangenehmen Wahrheiten beginnen. Es gibt schlechte Gewohnheiten, die eine schöne Wohnung unmöglich machen. Man kann nicht erwarten schön zu wohnen, wenn man getragene Unterwäsche tagelang in der Wohnung herumliegen lässt oder sich auf dem Couchtisch schmutziges Geschirr stapelt. Solche Dinge wegzuräumen ist nicht „Hausarbeit" und sie liegen zu lassen ist respektlos anderen Familienmitgliedern gegenüber.

Level 0 – das Beseitigen von Schmutzwäsche, Geschirr und Müll, nicht zu erfüllen, ist als würde man sich aufwändig stylen und ein Vermögen für teure Kleidung ausgeben, ohne jemals zu duschen oder sich die Zähne zu putzen.

Erstaunlicherweise gehen aber viele Menschen so mit ihren Wohnungen um. Tausende Euro teure Designerküchen verschwinden unter Bergen von angekrusteten Essensresten, und der liebevoll ersteigerte Ohrensessel lebt unter Schichten von getragener Wäsche, die man „gerade nicht" weggeräumt hat.

Ein Styling Ratgeber würde Ihnen wahrscheinlich nicht ausführlich erklären, wie Sie Zähneputzen und Duschen sollen. Genauso wenig kann Ihnen dieser Haushalts Ratgeber ausführlich erklären, dass jeder leere Joghurtbecher in den Müll gehört.

Die wenigsten von uns leben mit echtem Müll außerhalb ihres Mülleimers. Ich kenne niemanden, der auf die Idee kommen würde, gebrauchte Teebeutel, Obstreste oder benutzte Kaffeefilter auf die Couch oder in eine Schublade zu werfen. Genau diese Selbstverständlichkeit, mit der richtiger Müll im Mülleimer landet, müssen wir auch auf den so genannten „Sauberen Müll", auf gebrauchtes Geschirr und getragene Wäsche anwenden.

Sauberer Müll ist alles, was zweifellos weggeworfen werden kann, sich aber trotzdem an verschiedenen Orten einer Wohnung sammelt. Berühmte Beispiele sind: leere Duschgelflaschen am Badewannenrand, Postwurfsendungen, Werbezettel und gelesene Zeitungen auf Tischen und Ablagen, volle Aschenbecher und leere Getränkepackungen rund um Bett und Sofa - ich denke, Sie wissen, was ich meine.

Bei keinem dieser Dinge muss man sich ernsthaft die Frage stellen „soll ich das behalten oder soll ich es wegwerfen" und trotzdem findet man sie an Plätzen, an die es „richtiger Müll“ nicht schaffen würde.

Um diese Punkte im Griff zu haben, bevor wir uns der eigentlichen Hausarbeit widmen, machen Sie in den nächsten Tagen Folgendes:

Stellen Sie EINEN Behälter (Korb) für Schmutzwäsche auf. Keine Trennsysteme für Koch- Bunt- Weißwäsche oder verschiedene Farben. EINEN Behälter, der mindestens 1-2 Waschmaschinenladungen fasst (kein zierliches Körbchen, das nach 3 T-Shirts überquillt). Wenn mehrere Personen in Ihrem Haushalt leben, bekommt jeder seinen eigenen Behälter. Auch kleine Kinder. Darauf kommen wir später noch zu sprechen. Zunächst genügt es, wenn es einen bestimmten Schmutzwäschebehälter pro Person gibt, sodass unmissverständlich ist, wo Schmutzwäsche ausschließlich gelagert wird.

Bestimmen Sie EINEN Ort für schmutziges Geschirr. Im Idealfall ist dieser Ort IN der Spülmaschine. Solange das Ein- und Ausräumen der Spülmaschine aber noch keine gewohnte Routine ist (wie wir sie im Laufe des Buches entwickeln werden), kann dieser Ort auch AUF der Spülmaschine sein. Wenn Sie keine Spülmaschine haben, ist der richtige Ort NEBEN der Spüle. Nicht IN der Spüle. Schmutziges Geschirr in der Spüle erschwert den Abwasch. Wichtig ist, dass es EINEN unmissverständlichen Ort für gebrauchtes Geschirr gibt (egal wie hoch es sich dort zunächst stapelt).

Schärfen Sie Ihren Blick für Sauberen Müll. Sobald die Frage „soll ich das aufbewahren" nicht ernsthaft gestellt werden kann, kommt es in den Müll. Und zwar sofort und ohne „Zwischenlagerung".

Um Level 0 zur Gewohnheit werden zu lassen, setzen Sie sich ab heute ein oder zwei Ankerpunkte im Tagesverlauf, an denen Sie ab jetzt täglich Ihre Wohnung auf Wäsche, Geschirr und Sauberen Müll kontrollieren. Wenn Sie wenig Zeit in Ihrer Wohnung verbringen, wird ein Ankerpunkt reichen. Wenn Sie und Ihre Familie viel Zeit zu Hause verbringen, sollten es zwei oder sogar drei Ankerpunkte sein.

Günstige Ankerpunkte sind: bevor Sie die Wohnung verlassen und vor dem Schlafengehen. Zu diesen Ankerpunkten kontrollieren Sie bewusst, dass in Ihrer Wohnung Geschirr und Schmutzwäsche nur an den dafür vorgesehenen Orten und Sauberer Müll auch tatsächlich weggeworfen ist.

Egal wie chaotisch, zugerümpelt, baufällig oder in sonst welchem katastrophalen Zustand Ihr Zuhause zurzeit noch ist. Level 0 ist immer möglich – da gibts keine Ausreden und es ist der erste Schritt. Lassen Sie sich nicht dazu verleiten „das

Kind mit dem Bade auszuschütten" und nur weil Ihr Zuhause noch nicht Ihrer Vorstellung eines schönen, gemütlichen Haushaltes entspricht, auch noch die Punkte von Level 0 zu vernachlässigen.

Der Ankerpunkt „vor dem Schlafengehen" zur Level-0-Kontrolle Ihrer Wohnung kann ein wenig tückisch sein, wenn man ihn wörtlich nimmt. Wenn Sie Ihre Abende üblicherweise zu Hause verbringen, ist es wahrscheinlich besser, diesen Ankerpunkt auf „bevor Sie den Tag beenden und sich aufs Sofa legen" vor zu verschieben. Wenn Sie abends üblicherweise ausgehen, legen Sie ihn besser auf „bevor Sie abends die Wohnung verlassen".

Es ist unrealistisch, dass Sie, nachdem Sie schon vor dem Fernseher eingeschlafen waren, nochmal aufstehen um Geschirr, Müll und Schmutzwäsche wegzuräumen. Ebenso unrealistisch ist es, dass Sie das machen wenn Sie aus der Kneipe oder von der Party nach Hause kommen. Es sollte einfach ein Punkt am Ende des Tages sein, nachdem es unwahrscheinlich ist, dass noch weitere Unordnung verursacht wird.

Auch wenn Level 0 erst die ersten Ansätze sind. Abends in einem aufgeräumten Zuhause zur Ruhe zu kommen, und morgens den Tag ordentlich zu beginnen, fühlt sich gut an und bringt Lebensqualität.

Je weiter wir in diesem Buch kommen, desto umfassender wird diese Ordnung werden und desto mehr werden Sie Ihr Zuhause genießen.

Wir starten unsere Reise mit Level 0, sodass ab heute in Ihrer Wohnung kein Geschirr, keine Schmutzwäsche und kein Sauberer Müll mehr herumliegen.

Die Macht der Gewohnheit nutzen

Zu Beginn Ihrer Level-0-Kontrollen wird es wahrscheinlich noch so aussehen, dass Sie jeweils während dieser Kontrollgänge Wäsche einsammeln, Geschirr wegtragen und sauberen Müll wegwerfen. Je öfter Sie aber bewusst Ihre Wohnung auf Level 0 kontrollieren, desto öfter werden Sie feststellen, dass die Kontrollen ergebnislos verlaufen. Sie finden kein Geschirr, keine Schmutzwäsche und keinen Sauberen Müll mehr, weil Sie diese unbemerkt schon im Laufe Ihres ganz normalen Alltags beseitigt haben. Sie haben die Macht der Gewohnheit genutzt!

Wir tun vieles aus Gewohnheit. Und solche Gewohnheiten nehmen wir normalerweise nicht als Arbeit wahr. Wenn Sie jemand danach fragt, was Sie heute Vormittag gemacht haben, so werden Sie wahrscheinlich nicht antworten: Ich habe mir die Haare gekämmt, ich habe Schuhe angezogen, Ich habe die Katze gefüttert, oder Ähnliches. Obwohl Sie all diese Dinge erledigt haben, tauchen sie nicht als „Arbeit“ in Ihrem Bewusstsein auf.

Die gute Nachricht ist: Die Liste der Dinge, die wir aus Gewohnheit erledigen, lässt sich relativ einfach erweitern. Wir können lästige Alltagsdinge (wie zum Beispiel Aufräumen) sozusagen „in der Gewohnheit verschwinden lassen“.

Machen Sie das Experiment mit Level 0, wie ich es oben beschrieben habe. Ich verspreche Ihnen, dass Sie überrascht sein werden, wie schnell es geht, dass das Wegräumen von Geschirr, Schmutzwäsche und Sauberem Müll eine Gewohnheit ist, an die Sie gar nicht mehr denken.

Wenn diese Dinge schon jetzt zu Ihren Gewohnheiten gehören, Sie Level 0 also bereits umsetzen, suchen Sie sich eine andere Tätigkeit, die Sie „in der Gewohnheit verschwinden lassen". Zum Beispiel jeden Morgen ordentlich das Bett zu machen. (Sollte Ihnen partout nichts einfallen, was Sie sich in Ihrem Haushalt angewöhnen möchten, haben Sie bereits eine perfekte Wohnung und ich wundere mich, warum Sie dieses Buch gekauft haben).

Sie in der Gewohnheit zu versenken ist ein sehr nützlicher Weg, sich lästige Alltagsaufgaben vom Hals zu schaffen. Sie werfen einen gebrauchten Teebeutel aus Gewohnheit in den Müll anstatt in die Besteckschublade. Obwohl die Schublade vielleicht gerade näher ist als der Mülleimer. Warum also werfen Sie schmutzige Socken nicht genauso selbstverständliche in die Wäschetonne? Eine Gewohnheit ist genauso gut wie jede andere. Erweitern Sie Ihre Gewohnheiten und Dinge, die vorher „Arbeit" waren, sind plötzlich keine mehr. Und das obwohl sie erledigt sind! Ist das nicht toll?

Ich habe die Erfahrung gemacht, dass es ungefähr 2 Wochen dauert, um eine Tätigkeit als Gewohnheit zu etablieren. In diesen zwei Wochen muss man sich natürlich die Mühe machen, bewusst jeden Tag zu kontrollieren, ob man die zukünftige Gewohnheit ausgeführt hat. Ein bisschen Willenskraft steckt also schon dahinter. Wie ich ganz zu Beginn geschrieben habe: Darum kommt man nicht herum, die Mühe müssen Sie sich schon machen.

Der Erfolg ist aber dafür sehr nachhaltig. Gewohnheiten, die einmal etabliert sind, bleiben erhalten, und Sie müssen sich nie wieder den Kopf über die zur Gewohnheit gewordene Tätigkeit zerbrechen.

Egal wie sehr Sie verschlafen habe und wie viel zu spät Sie dran sind: Sie würden nicht auf die Idee kommen, Zeit einzusparen indem Sie ohne Hose aus dem Haus gehen. Sich anzuziehen ist eine fixe Gewohnheit. Das Bett zu machen kann auch so eine Gewohnheit sein. Die Bettdecke ordentlich zurück zu schlagen und das Kissen aufzuschütteln dauert nur ein paar Sekunden. Wenn diese Gewohnheit etabliert ist, kommen Sie, wenn Sie verschlafen haben, also einige weitere Sekunden mehr zu spät (was dann auch schon egal ist). Können sich aber dafür nach einem blöden Tag (der es wahrscheinlich wird, wenn man ihn mit Verschlafen und Hektik beginnt) abends in ein gemachtes Bett legen. Die paar

Sekunden sind egal. Das gemachte Bett zum Schlafengehen gibt Lebensqualität.

Wenn das Bettmachen aber nicht als Gewohnheit verankert ist, so werden Sie in der Morgenhektik wahrscheinlich „keinen Kopf“ für solche „extra Tätigkeiten“ haben. Der Trick ist also, dass Bettmachen keine „extra Tätigkeit“, sondern eine Gewohnheit ist. Und, voila! Sie können sich jeden Abend, ohne darüber nachzudenken, in ein gemachtes Bett legen.

Damit der Trick funktioniert, müssen Sie mit kleinen Gewohnheiten arbeiten. Der Vorsatz: „Ich gewöhne mir an, jeden Morgen die Küche gründlich zu putzen“ wird wahrscheinlich nicht funktionieren. Je kleiner die zukünftige Gewohnheit ist, desto leichter und schneller ist sie zu etablieren. Sie haben Zeit. Nehmen Sie sich einfach eine nach der anderen vor.

Mein Vorschlag für die ersten Gewohnheiten sind die vom oben beschriebenen Level 0: Schmutziges Geschirr, Wäsche und Sauberen Müll gewohnheitsmäßig immer wegzuräumen. In den nächsten Kapiteln werde ich Ihnen noch einige weitere Gewohnheiten vorschlagen. Ich habe diese Gewohnheiten in Runden organisiert, die sich leicht im Alltag verankern lassen.

Egal wie baufällig oder chaotisch eine Wohnung ist: Müll, Geschirr und Schmutzwäsche wegräumen kann man immer.

Ein desolates und vollkommen zugestelltes Badezimmer so zu putzen, dass es ein ansprechender, behaglicher Raum wird, ist nicht so leicht. Da sind Rahmenarbeiten nötig, die nicht zur eigentlichen, alltäglichen Hausarbeit gehören.

Dieses Buch dient nicht dazu, Ihnen zu erklären, wie man eine ohnehin saubere Wohnung putzt. Es hat zum Ziel, dass Sie – egal wo Sie starten – für sich und Ihre Familie ein gemütliches Zuhause schaffen können.

Bevor wie uns im nächsten Kapitel weiteren Gewohnheiten widmen, werden wir also zunächst noch einen kleinen Zwischenstopp auf unserem Weg zu einem perfekten Wohlfühlhaushalt einlegen: eine kurze Bestandsaufnahme Ihrer aktuellen Wohnsituation.

Machen Sie eine Liste aller „Baustellen" in Ihrer Wohnung. Also aller Dinge, die behoben, verbessert oder beseitigt werden müssen. Vielleicht stapelt sich überall Kleidung, weil Sie keine ausreichenden Schränke haben. Oder es stehen im November noch immer die Sommerschuhe an der Garderobe, als würden Sie sich jederzeit in Flip-Flops auf den Weg machen. Vielleicht haben Sie gar keinen bestimmten Platz an den die gerade nicht gebrauchten Schuhe geräumt werden und sehen zwischen Anoraks und Sandalen Ihren Flur gar nicht mehr? Oder das Badezimmer ist so voller (nicht gebrauchter)

Fläschchen und Tiegel, dass es kaum möglich ist die Ablageflächen zu putzen. Ich bin sicher Ihnen fällt etwas ein, das Sie auf Ihre „Baustellen-Liste“ setzen können.

Ordnen Sie die Liste in drei Kategorien:

1. Dinge die Sie ohne fremde Hilfe und ohne finanziellen Aufwand beheben können

Zum Beispiel: Fläschchen im Badezimmer ausmisten, Altglas wegtragen, Schischuhe aus dem Schlafzimmer in den Keller bringen. Das Schuhregal, das Sie vor Wochen gekauft haben und das noch originalverpackt im Flur steht, zusammenbauen und aufstellen usw.

2. Dinge die Sie ohne fremde Hilfe und mit geringem Aufwand beheben können

Zum Beispiel: genug Kleiderbügel kaufen um alles in den Schrank hängen zu können. Zu alte Badvorleger, die durch Waschen nicht mehr richtig sauber werden, wegwerfen und durch neue ersetzen, oder andere Kleinigkeiten, die sich mit wenig Geld und ohne große Planung verbessern lassen.

3. Dinge für die Sie fremde Hilfe benötigen und die finanzielle Planung erfordern

Zum Beispiel: Sie besitzen als vierköpfige Familie nur einen schmalen Schrank. Da ist es kein Wunder, wenn alles herumliegt. Manchmal ist eine Küchenarbeitsplatte so abgewohnt, dass sie durch die vielen Kratzer gar nicht mehr sauber zu bekommen ist, oder Sie können im Zimmer Ihres Vierjährigen gar nicht richtig aufräumen, weil es noch mit Babymöbeln eingerichtet ist, anstatt mit Stauraum für Lego und Eisenbahnen. Sie können nicht schnell mal am Nachmittag alleine neue Schränke aufbauen, oder aus dem Supermarkt eine neue Kinderzimmer Einrichtung mitbringen. Das ist schon klar. Aber mit der Zeit, wenn sich das Chaos langsam lichtet, werden Sie auch diese Baustellen angehen können. Fürs Erste kommen sie einfach auf die Liste.

Tun Sie sich den Gefallen und sind Sie ehrlich mit sich selbst bei der Einteilung Ihrer Baustellen. Wir neigen dazu, Arbeiten eine Kategorie höher zu stufen, um sie nicht erledigen zu müssen. „Ich kann meine Schuhe nicht wegräumen solange ich keine Kisten dafür gekauft habe“, „Ich kann das Badezimmer nicht putzen solange es nicht komplett neu gefliest wurde“. Mit diesen Ausreden stehen Sie sich höchstens selbst im Weg auf Ihrer Reise zu einer schönen Wohnung.

Je mehr Sie in Kategorie 1 und 2 unterbringen, desto besser. Baustellen der Kategorie 3 sollten die Ausnahme sein.

Natürlich hätten Sie gerne einen maßgefertigten, begehbaren Einbauschrank für ein paar Tausend Euro. Aber nur weil Sie sich den gerade nicht leisten können, sollten Sie nicht „inzwischen" Ihre Kleidung auf dem Sofa aufbewahren, und die Katzen darauf schlafen lassen. Finden Sie Möglichkeiten, die sich in Kategorie 2, mit geringeren Mitteln, umsetzen lassen. Zum Beispiel Second Hand Möbel.

Bewahren Sie Ihre Liste auf, aber lassen Sie sich von den Baustellen im Moment nicht entmutigen. Wir werden ihnen im Kapitel „Organisieren und immer besser werden" später zu Leibe rücken.

Zunächst kümmern wir uns um den Alltagskram, der auch in der bestsortiertesten und baustellenfreien Wohnung nötig ist. Haben Sie ein bisschen Geduld, und bleiben Sie dran. Dann gehört auch Ihr Zuhause bald zu diesen neidvoll betrachteten Vorzeigehaushalten.

Unser Plan ist es, zuerst die notwendigen und nützlichen Alltagsgewohnheiten zu etablieren, und uns dann den bestehenden Baustellen zu widmen. Auf diese Weise verhindern wir, dass neues Chaos „nachwächst", und das Beseitigen der Baustellen dann auch wirklich ein endgültiges Resultat erzielt.

Level 1 Gründlichkeit zahlt sich nicht aus – in Runden arbeiten

Wir ignorieren fürs Erste alle bestehenden Missstände, und kümmern uns um die Arbeiten, die auch im bestorganisiertesten Haushalt laufend nötig sind.

Für ein gemütliches Zuhause ist der Gesamteindruck wichtig. Was nutzt es uns, wenn in einer völlig chaotischen Wohnung das Bad bis zur letzten Fuge blitzblank geputzt ist? Setzen wir uns dann abends, anstatt auf die Couch, ins Badezimmer um unser Werk zu genießen? Wohl eher nicht. Viele Menschen machen den Fehler, bei der Hausarbeit viel zu gründlich vorzugehen, und dadurch permanent dem Gefühl der sinnlosen Tätigkeit ausgesetzt zu sein, weil man nie zu einem schönen Gesamtergebnis kommt. Kaum ist man an einem Ende fertig, ist die Arbeit am anderen Ende schon wieder dahin.

Alle Räume bis ins Detail sauber und aufgeräumt zu bekommen ist nur möglich, wenn die Hausarbeit Ihre einzige Aufgabe ist, und Sie ihr die volle Aufmerksamkeit einer 40 Stunden Arbeitswoche widmen. In diesem Buch gehe ich davon aus, dass das nicht der Fall ist.

Auf welchen Level von Perfektion und Sauberkeit Sie Ihren Haushalt bekommen, hängt von Ihren persönlichen Lebensumständen ab. (Als ich vorhin von Level 0 gesprochen habe, haben Sie wahrscheinlich schon geahnt, dass es noch weitere Levels gibt). Sie können die Levels beliebig hoch und bis zur Perfektion steigern, wenn Sie Zeit und Lust dazu haben. Level 1, ein Level, das für alltägliche Gemütlichkeit und Sauberkeit garantiert, ist aber für jedermann möglich. Und ich zeige Ihnen wie.

Putzen und Aufräumen

Zunächst müssen Sie sich bewusst werden, dass es einen grundsätzlichen Unterschied zwischen Putzen und Aufräumen gibt. Diese beiden Tätigkeiten müssen getrennt voneinander organisiert werden. Macht man beides auf einmal, verliert man sich im Detail und wird nie fertig.

Vom Ablauf her steht Aufräumen immer vor Putzen. Was ja auch logisch ist. Schließlich kann man in einem Zimmer, in dem viel herumliegt, zum Beispiel nur schlecht staubsaugen. Die beiden unterscheiden sich aber noch in zwei anderen wesentlichen Punkten.

Aufräumen summiert sich, Putzen nicht

Wenn man zum Beispiel 10 Minuten braucht um in einem Zimmer staub zu saugen, so bleibt diese Tätigkeit gleich aufwändig, ob man den Staub von 1 Tag oder von 3 Wochen wegsaugt. Egal wie viele Wollmäuse man wegsaugt, nach 10 Minuten ist die Arbeit erledigt. Die Arbeit des Putzens bleibt immer relativ gleich, egal wie viel sich angesammelt hat.

Beim Aufräumen ist das anders. Die Unordnung von einer Woche aufzuräumen ist wesentlich aufwändiger als die Unordnung eines Tages zu beseitigen. Außerdem tendiert Unordnung dazu, sich je „älter“ sie wird zu „verfestigen“ und immer undurchschaubarer zu werden, bis sie zu einem riesigen „To-Do“ angewachsen ist, dem man ein ganzes Wochenende widmen muss.

Aufräumen muss daher wesentlich gewissenhafter in der täglichen Gewohnheit verankert werden als Putzen.

Der zweite wichtige Unterschied ist:

Putzen kann man delegieren, Aufräumen nicht

Fremde Hilfe, also eine Putzfrau (ich hoffe dieses Wort ist noch politisch korrekt), kann in regelmäßigen Abständen kommen und staubsaugen, Bad und Küche putzen, Fenster putzen etc. Sie wird aber kaum den ganzen Tag lang hinter mir nachlaufen, um mein Geschirr, Wäsche und andere persönliche Unordnung zu beseitigen. Außerdem ist es nicht möglich, dass eine andere Person meinen Kram in Ordnung hält, meinen Kleiderschrank ausmistet, meine Papiere sortiert usw. Das müssen wir schon selber tun.

Um zu erreichen, dass unser Zuhause im Alltag gleichmäßig gemütlich und sauber ist, müssen wir also ein flüssiges Zusammenspiel von Putzen und Aufräumen organisieren, das sich gut in unseren normalen Tagesablauf integriert.

Viele Menschen organisieren ihre Hausarbeit mit großen Schwankungen. An einem Tag der Woche wird viel Zeit investiert um „klar Schiff" zu machen (oder viel Geld bezahlt, falls es die Putzfrau macht). Da die Tätigkeiten aber nicht in den Alltagsgewohnheiten verankert sind, ist das schöne, saubere Zuhause schon am nächsten oder übernächsten Tag wieder dahin und man lebt den Rest der Woche im Chaos.

Die Rechnung ergibt: 1 Tag Mühe, 1 Tag ein schönes Zuhause, 5 Tage chaotischer Alltag. Diese Vorgehensweise wird nie zu einem befriedigenden Ergebnis führen, da man trotz Mühe die meiste Zeit im Chaos lebt. Das ist der Grund, warum so viele Menschen Hausarbeit als sinnlose Plage empfinden. Man verschwendet regelmäßig wertvolle Freizeit daran und wohnt trotzdem nicht schön.

Um ein flüssiges Zusammenspiel von Aufräumen und Putzen in den Alltag zu integrieren, arbeitet man am besten in Runden. Je mehr Runden man hinzufügt, desto sauberer und aufgeräumter wird der Haushalt und je höher wird der Level auf dem man lebt.

Diese Runden und Levels lassen sich auch an kurzfristige Lebensumstände anpassen. Je mehr Zeit und Energie man hat, desto mehr Runden fügt man hinzu und desto schöner wird der Haushalt. Ist mal weniger Zeit verfügbar, weil man zum Beispiel beruflich stärker belastet ist, so wird eben reduziert.

Ich werde Ihnen jetzt die Runden beschreiben, wie sie für einen normalen, gemütlichen Haushalt notwendig sind, und wie sie von jedem umgesetzt werden können. Die hier beschriebenen Routinen stammen aus meinem eigenen Alltag. Ich bin berufstätig, habe ein Kind im Kindergartenalter und beschäftige keine fremde Hilfe. Mein Mann erledigt zwar den einen oder anderen Handgriff, allerdings nicht so regelmäßig, dass ich es in meine Routinen einplane.

Natürlich wird es notwendig sein, dass Sie Ihre eigenen Routinen entwickeln. Als Beispiel sind die von mir erprobten Runden aber sicher nützlich.

Man kann Runden für verschiedene Bereiche einrichten. Runden fürs Aufräumen, Runden fürs Putzen, Runden fürs gründliche Putzen, Runden fürs Ausmisten usw. Zusammengenommen ergeben die Runden, die man sich angewöhnt, dann einen gewissen Level an Ordnung und Sauberkeit für das eigene Zuhause. Je mehr Runden man einrichtet, desto höher ist der Level auf dem man (haushaltstechnisch) lebt.

Sie können selbst entscheiden, wieviel Sie brauchen um sich wohl zu fühlen, und wie viel Zeit und Arbeit Sie investieren möchten. Einige Runden lassen sich auch auf fremde Hilfe auslagern. Einige allerdings nicht.

Mein eigener Haushalt ist auf einem Level den ich als „alltäglich gemütlich“ empfinde. Unsere Sachen sind in Ordnung, die Wohnung sauber genug, dass sie schön aussieht und unsere Einrichtung gut zur Geltung kommen kann. Wir haben saubere Wäsche in den Schränken, und die Spielsachen sind so aufgeräumt, dass man alles findet und gerne damit spielt.

Die Runden, die ich im Folgenden beschreibe, dienen zunächst hauptsächlich zur Veranschaulichung. Eine Zusammenfassung der Runden und Level (zum Nachmachen geeignet) finden Sie am Ende des Buches.

Level 1 setze ich mit folgenden Runden um:

Erste Runde: Das tägliche Aufräumen

Ich gehe mindestens einmal täglich durch die Wohnung, räume die bereits erwähnte Wäsche, Geschirr und Sauberen Müll weg und bringe zusätzlich auch alles andere an seinen Platz. Hauptsächlich Spielsachen und Gebrauchsgegenstände, die man im Laufe des Tages benutzt hat.

Dieser Schritt ist wenig überraschend. Sie werden jetzt sicher denken: „Wie erstaunlich! Wer aufräumt hat also eine ordentliche Wohnung…“ (für diese Weisheit hätte ich kein Buch schreiben müssen)

Der eigentliche Trick ist aber, dass dieses tägliche Aufräumen so fest in meinen Alltagsgewohnheiten verankert ist, dass es für mich schon ein liebgewonnenes Ritual geworden ist und ich es nicht als „Haushaltsarbeit“ empfinde.

Es sind nur wenige Handgriffe. Ich gehe dabei auch nicht systematisch vor. Ich wandere einfach durch die Wohnung, nehme hier ein Stück und da ein Stück und bringe alles an seinen Platz, während ich meinen Gedanken nachhänge. Die Tätigkeit des Aufräumens ist nicht anstrengend, wichtig ist nur, dass man diese Runde wirklich regelmäßig macht, damit es bei wenigen Handgriffen bleibt.

Lässt man zu viel zusammen kommen, so steht man irgendwann vor einem Chaos, für dessen Beseitigung man einen „Plan" braucht, wodurch die Sache anstrengend und belastend wird.

Um alles an seinen Platz räumen zu können, ist es natürlich wichtig, dass alles einen Platz hat. Wenn Sie mit Ihrem „Projekt Haushalt" noch sehr am Anfang stehen, wird das wahrscheinlich noch nicht der Fall sein, und Sie haben viele Sachen, von denen Sie nicht so recht wissen wohin damit. Auf dieses Problem werden wir im nächsten Kapitel „Organisieren und immer besser werden" eingehen. Fürs Erste tun Sie einfach Ihr Bestes und räumen bei Ihrer täglichen Runde alles auf was geht.

Ein guter Tipp für das spätere Organisieren ist es, wenn Sie alles wenigstens an seinen „thematischen Ort" bringen. Das heißt, dass zum Beispiel keine Küchenutensilien im Wohnzimmer herumstehen, kein Schreibtischkram in der Küche usw. Auch wenn die einzelnen Orte noch nicht perfekt sortiert sind, ist es hilfreich, wenn in der Küche nur „Küchenchaos" und im Zimmer nur „Zimmerchaos" herrscht.

Diese thematische Grundordnung macht es später leichter, jeden Bereich Stück für Stück zu sortieren.

Zum Schluss der Aufräumrunde falte und streiche ich Sofadecken und Kissen glatt und arrangiere Deko-Gegenstände, die eventuell verschoben wurden. Dadurch bekommen die Zimmer einen letzten Schliff, der das Ergebnis deutlich zur Geltung bringt und meine „Runde" sichtbar macht.

Verzichten Sie nicht auf diesen letzten Schritt. Diese letzten Handgriffe sind es, die Freude machen und Ihre Wohnung strahlen lassen.

Wenn fertig aufgeräumt ist, so folgt eine Runde saubermachen.

Zweite Runde: Das (fast) tägliche Putzen

Ich nenne diese Runde „fast täglich" weil ich sie an sich als tägliche Tätigkeit geplant habe, es aber, im Gegensatz zur Aufräumrunde, nicht ganz so dramatisch ist, wenn mal ein Tag ausfällt.

Bei dieser Runde ist es wichtig, dass Sie nicht darauf hereinfallen allzu gründlich zu sein, und die Tätigkeit dadurch übermäßig anstrengend werden lassen. Nachdem ich in der ersten Runde alles aufgeräumt habe, lasse ich die Spüle in der Küche mit Wasser und ein wenig Spülmittel volllaufen, nehme einen Lappen und wische alle offensichtlichen Flächen sauber, die im Laufe des Tages normalerweise schmutzig werden. Küchenarbeitsplatten, Couchtisch, Esstisch, Waschbecken und Badewannenrand und zum Schluss die Klobrille. Danach kommt der Lappen direkt in die Schmutzwäsche.

Ich benutze Mikrofaser-Putzlappen die man waschen kann, nehme jeden Tag einen neuen und werfe ihn nach meiner Runde gleich in die Schmutzwäsche. Das ist hygienisch und umweltfreundlich. Putzmittel ist, abgesehen von ein wenig Spülmittel im Wasser, für diese Runde nicht nötig.

Nach dem Wischen kehre ich mit einem altmodischen Besen die offensichtlichsten Krümel auf. Bei uns üblicherweise am meisten rund um den Couchtisch und in der Küche.

Diese beiden Schritte (Wischen und Kehren) sind für das tägliche Putzen genug. Fallen Sie nicht darauf herein, beim täglichen Putzen zu gründlich zu werden, und anstatt zu kehren gleich den Staubsauger zu holen, oder beim Wischen anzufangen jeden Winkel auszuräumen und gründlich zu putzen. Auf den ersten Blick mag das „fleißiger“ und sinnvoller erscheinen, als das von mir vorgeschlagene oberflächliche Putzen. Tatsächlich werden Sie aber feststellen, dass durch zu viel Gründlichkeit die Tätigkeit zu groß wird, um sie im Alltag unterzubringen. Täglich oberflächlich zu putzen bringt mehr, als sich vorzunehmen gründlich zu putzen und „inzwischen“ eine schmutzige Wohnung zu haben.

Weil man keine Zeit und keine Lust hat, den Staubsauger heraus zu holen, lässt man gleich alles dreckig. Auf diese Weise schüttet man „das Kind mit dem Bade aus“. Weil für gründlich keine Zeit ist, lässt man‘s ganz bleiben und lebt im offensichtlichen Schmutz. Das ist, als würden Sie sich nicht kämmen, weil Sie keine Zeit haben zum Frisör zu gehen. Schalten Sie also einfach in dieser Runde einen Gang zurück und wischen und kehren Sie jeden Tag nur das Offensichtlichste sauber, ohne sich um Gründlichkeit zu kümmern. Gründlichkeit kommt später, in Runde Drei.

Beim täglichen Aufräumen und (fast) täglichen Putzen ist die Regelmäßigkeit viel wichtiger als die Gründlichkeit.

Die beiden täglichen Runden sind bei mir so in den Tagesablauf integriert:

1. Aufräumen
2. Abendessen und Kind-ins-Bett-bringen
3. Wischen und Kehren (meistens mit einer Tasse Tee nebenher)
4. Saubere Wohnung genießen

Wie Sie die beiden Runden in Ihrem eigenen Alltag unterbringen, müssen Sie sich natürlich selbst überlegen. Es ist aber oft sinnvoll, sie durch eine andere Tätigkeit zu trennen. Dadurch werden sie noch kleiner und verschwinden besser in der Gewohnheit.

Dritte Runde: Das gründliche Saubermachen

Da unsere Wohnung durch die täglichen Runden generell aufgeräumt und oberflächlich sauber ist, können wir uns einmal pro Woche ohne große Vorarbeiten daran machen, gründlich zu putzen.

Bei mir findet das wöchentliche Saubermachen meist am Sonntagvormittag statt. Da ich am Samstagabend wie gewohnt meine beiden Alltagsrunden gemacht habe, muss ich keine Vorbereitungen treffen und kann gleich loslegen. Ich muss nicht erst mal Sachen wegräumen um überhaupt putzen zu können, oder erst mal Wäsche einsammeln um die Waschmaschine zu starten. Das ist durch meine Alltagsgewohnheiten alles schon erledigt. Ich kann mich gleich an das wöchentliche Putzen machen, was dadurch natürlich einfacher und schneller geht.

Wie ausführlich dieses wöchentliche Saubermachen angelegt wird, hängt von Ihrem persönlichen Geschmack ab und davon wie viele Personen in Ihrem Haushalt leben, d.h. das Bad benutzen, wie viel gekocht wird etc.

Mein wöchentliches Saubermachen umfasst die folgenden Punkte und braucht ca. 2-3 Stunden (gemütlich und langsam gerechnet, mit Kaffeepausen und Kinder-Unterbrechungen):

- In der ganzen Wohnung wird gründlich staubgewischt und staubgesaugt, wobei auch die Polstermöbel mit dem kleinen Staubsaugeraufsatz abgesaugt werden.
- Abwechselnd werden Bad oder Küche gründlich geputzt (also jede Woche entweder das Bad oder die Küche). Dabei werden alle Flaschen, Dosen und Gegenstände von den Ablageflächen genommen, alles gründlich abgewischt, Fliesen und Geräte geputzt, etc.

- Das Klo wird gründlich geputzt, was in meinem Fall die Katzentoilette mit einschließt, die bei dieser Gelegenheit erneuert wird.
- Betten überziehen. Bei uns werden wöchentlich abwechselnd das Kinderbett und das Elternbett neu bezogen. So wird jedes Bett alle zwei Wochen neu bezogen und es entsteht nicht zu viel Wäsche auf einmal.
- Zusätzlich bügle ich an den meisten Sonntagabenden die während der Woche angefallene Bügelwäsche (nicht in den zwei Stunden inbegriffen).

Während die ersten beiden Runden (tägliches Aufräumen und oberflächliches Putzen) ziemlich universell für alle Haushalte sind, müssen Sie sich bei Runde Drei, dem wöchentlichen Saubermachen, ein wenig mehr Gedanken machen, welche Arbeiten in Ihrem individuellen Haushalt nötig sind und die Runde daran anpassen.

Wenn Sie zum Beispiel einen Beruf haben, in dem Sie täglich gebügelte Hemden oder Blusen brauchen, so werden Sie dieser Tätigkeit mehr Raum geben müssen, oder sie vielleicht sogar zu einer täglichen Runde machen. Wenn viele Personen das Bad benutzen und täglich gekocht wird, müssen Sie wahrscheinlich jede Woche Bad und Küche putzen, und nicht wie ich jeweils abwechselnd.

Das Gute ist aber, dass sich das wöchentliche Putzen eines aufgeräumten Haushaltes leicht auf fremde Hilfe oder mehrere Personen verteilen lässt. Es ist viel leichter zu bestimmen, wer beim wöchentlichen Putzen welche Aufgaben übernimmt, wenn die Vorarbeiten durch die täglichen Routinen bereits weggefallen sind.

Sie können staubsaugen, ohne vorher erst aufräumen zu müssen und können die Küche putzen, ohne vorher noch schmutziges Geschirr aus der ganzen Wohnung einzusammeln oder die Arbeitsflächen frei zu machen, um sie überhaupt putzen zu können. Glauben Sie mir, damit fällt eine riesige Hemmschwelle fürs gründliche Putzen weg, und Sie genießen ein umso besseres Ergebnis.

Machen Sie sich Gedanken darüber, welche Arbeiten bei Ihnen in der wöchentlichen Runde untergebracht werden müssen, und legen Sie diese fest. Achten Sie darauf, dass Sie nicht übertreiben, und setzten Sie wirklich nur die nötigsten Arbeiten auf die Liste für die wöchentliche Runde. Sie können später immer noch aufstocken. Bis aber die Runden wirklich fest in Ihren Gewohnheiten verankert sind, sollten Sie bescheiden bleiben und die Freude am (kleinen) Erfolg genießen.

Zusammengenommen reichen die beiden täglichen Runden plus der wöchentlichen, gründlichen Runde schon für ein aufgeräumtes und sauberes Gesamtergebnis. Es kommen nur noch ein paar zusätzliche Handgriffe dazu, die wir in der nächsten Runde besprechen. Später, im Kapitel „Organisieren und immer besser werden“ kommen wir dann schon zu den Fleißaufgaben, die Ihre Wohnung mit der Zeit immer perfekter werden lassen.

Vierte Runde: Arbeiten die keine Runde brauchen

In dieser Runde fassen wir Haushaltsarbeiten zusammen, die eigentliche keine Runde brauchen und sich zwischendurch erledigen lassen. Wenn Sie aber, vor allem am Anfang Ihres Weges zu einem schönen Haushalt, noch unsicher sind, können Sie für diese Arbeiten eine eigene Runde einrichten und ihr irgendwo in Ihrem Tages- oder Wochenablauf Platz geben.

Die Spülmaschine

Die Maschine nimmt uns die eigentliche Arbeit des Geschirrspülens zwar ab, muss aber natürlich trotzdem ein-

und ausgeräumt werden. Ich erledige das immer, wenn ich sowieso etwas in der Küche zu tun habe. Zum Beispiel wenn ich Nudelwasser aufsetze und warte, dass es kocht, manchmal auch morgens, während die Kaffeemaschine „arbeitet".

In Level 0 haben wir uns bereits angewöhnt, dass schmutziges Geschirr immer auf der Spülmaschine abgestellt wird, sofern sie nicht ohnehin ausgeräumt ist. Dann kommt es natürlich sofort hinein und wird nicht zuerst obenauf abgestellt. Wenn sie voll ist, wird eingeschaltet. Aber das versteht sich von selbst.

Die saubere Maschine ausräumen wird einfacher, wenn Sie Ihr Geschirr in der Küche vernünftig sortieren. Die meisten Leute gehen so vor, dass sie in den Schränken alle Teller zueinander stellen, alle Töpfe, alle Pfannen usw. Allerdings gibt es jeweils nur maximal 2 bis 3 Schränke pro Küche, die in unmittelbarer Reichweite der Spülmaschine sind. Das bedeutet für die meisten Haushalte, dass man beim Ausräumen ständig zwischen Maschine und Schränken hin und her laufen muss. Das macht die Tätigkeit lästig.

Ordnen Sie Ihr Geschirr nicht nach Sorten, sondern nach Art und Häufigkeit des Gebrauches. In einen Schrank (den, der von der Spülmaschine am bequemsten erreichbar ist) kommen alle Teile, die Sie täglich benützen. Also je nach Größe der

Familie, 3-4 Kaffeetassen, ca. 6 Teller, 6 Gläser, einige Schalen, die am häufigsten benutzten Töpfe und Pfannen etc.

Je seltener etwas in Verwendung ist, desto weiter von der Spülmaschine entfernt wird es aufbewahrt. Ihre Küche ist kein Delikatessenladen, der thematisch sortiert sein muss. Stellen Sie die Dinge dorthin, wo Sie sie für die täglichen Arbeiten am besten erreichen. Sie sollten die Spülmaschine im Alltag ausräumen können ohne herumlaufen zu müssen. Wenn Sie 12 Kaffeetassen besitzen, aber nur 4 täglich brauchen, so kommen 4 Stück in den „täglichen“ Schrank und die anderen 8 in einen anderen, wo Sie sie herausholen wenn Besuch kommt. Der Inhalt des täglichen Schrankes sollte ca. den Inhalt einer „Spülmaschinenladung“ fassen. Blockieren Sie nicht den bequemsten Platz mit Dingen die Sie nur manchmal brauchen. Bewahren Sie die Dinge, die Sie sehr häufig benutzen und deshalb auch häufig ein- und ausräumen, in unmittelbarer Nähe der Spülmaschine auf. Dann braucht das Spülmaschine Ausräumen nur ein paar einfache Handgriffe und wenige Minuten und kann leicht in der Alltagsgewohnheit untergebracht werden.

Die Wäsche

Eine Waschmaschine befüllen und einschalten kann man nun wirklich nicht als „Arbeit“ bezeichnen. Trotzdem haftet der Wäsche immer noch das Gefühl nach großen Waschtagen mit heißen Bottichen und schweißtreibender Arbeit an. In früheren Tagen war es natürlich sinnvoll, am Waschtag die Wäsche der ganzen Familie zu erledigen, gewissenhaft sortiert und vorbereitet. Dieses Konzept ist aber nicht mehr zeitgemäß und verursacht unnötig viel Aufwand.

Wie viel und welche Art von Wäsche jemand zu tun hat, ist sehr individuell. Die Kleidung hängt vom Beruf und den Lebensumständen ab. Ein Kleinkind verbraucht pro Tag viel mehr Kleidung als ein Erwachsener, dafür erfordert Businesskleidung viel mehr Bügelarbeit als Kinderkleidung.

Aus diesem Grund haben wir zu Beginn, bei Level 0, für jedes Familienmitglied eine eigene Wäschetonne aufgestellt. Alles zusammen zu geben passt einfach nicht. Es ist nicht nötig, alle 2 Tage Businesshemden zu waschen, nur weil das Baby keine sauberen Bodys mehr hat, und deshalb „Wäsche gemacht“ werden muss.

Die allzu strenge Trennung nach Farben ist ebenfalls ein wenig überholt. Bei moderner Kleidung reicht es völlig,

Helles und Weißes von Farbkräftig und Dunkel zu trennen. Man muss sich keine Sorgen machen, dass rote Socken auf schwarze T-Shirts abfärben könnten.

Natürlich kann man, wenn man will, sorgfältig nach Farben und Temperaturen trennen und große Familienwäsche machen. Achten Sie aber auch hier auf das bereits mehrmals erwähnte „Kind mit dem Bade ausschütten“. Weil Sie keine Zeit und keine Lust haben, einen aufwändigen Waschtag zu halten, bleibt die Wäsche wochenlang liegen, und Sie kramen immer nur die notwendigsten Stücke aus den Bergen hervor um diese dann erst recht unsortiert miteinander im Schnellprogramm zu waschen.

Gründlichkeit zahlt sich nicht aus. Trennen Sie die Wäsche einfach nach Personen und waschen Sie nach Bedarf. Wer nichts mehr anzuziehen hat, lässt eine Maschine laufen. Fertig. Ob eine Person die Wäsche für die ganze Familie macht, oder jeder (Erwachsene) für sich selbst wäscht, bleibt Ihnen überlassen. Die Trennung nach Personen ist immer sinnvoll. Die Wäsche eines berufstätigen Mannes hat nun mal andere Ansprüche, als die Wäsche eines Kleinkindes, und diese lassen sich getrennt voneinander leichter berücksichtigen.

Der Kühlschrank

Zu diesem Thema lässt sich leider nicht viel sagen. Kühlschränke sind im Allgemeinen einer der schmutzigsten Orte einer Wohnung. Lebensmittel hinterlassen Spuren, Keime und Bakterien. Und ich bin sicher, auch in Ihrem Kühlschrank gab es schon Essensreste jenseits einer vernünftigen Aufbewahrungsdauer, die letzten Endes mitsamt dem Plastikgeschirr weggeworfen wurden…

Die einzig sinnvolle Gewohnheit für einen einigermaßen sauberen Kühlschrank ist es, jedes mal, wenn Sie mit Einkäufen nach Hause kommen, den Inhalt des Kühlschrankes zu begutachten, unbrauchbare Lebensmittel zu entfernen und die Fächer kurz abzuwischen. Auf diese Weise passt die Häufigkeit des Saubermachens zu Ihrem Einkaufsrhythmus und zu Ihrem Verbrauch. Sorry, aber um diese Gewohnheit kommt man nicht herum – was sein muss, muss sein. Zum Kühlschrank putzen gibt’s keine Extra-Tricks, das muss man einfach machen.

Arbeitsteilung – persönliche und allgemeine Arbeiten

Viele Familien (und Wohngemeinschaften) schlagen sich mit komplizierten Putzplänen zur Arbeitsverteilung herum. Putzeinheiten werden wie Währungen gehandelt, eine halbe Stunde Bad putzen kann man in zwei Stunden Bügeln vorm Fernseher umrechnen, oder nicht?

Ich habe eine Familie und habe früher in WGs gewohnt, hatte aber noch nie einen Putzplan. Alle Putzpläne, von denen mir Freunde erzählen, haben eigentlich nur eines gemeinsam: Sie führen zu Streit und alle fühlen sich ungerecht behandelt.

Für mich gibt es in einem Haushalt nur zwei logische Arten von Arbeiten: persönliche Arbeiten und allgemeine Arbeiten.

Persönliche Arbeiten sind alle, die einem bestimmten Verursacher konkret zugeordnet werden können. Zum Beispiel die Wäsche. Jedes Familienmitglied verursacht genau die Arbeit an Wäsche die er selbst trägt.

Allgemeine Arbeiten sind alle, die niemand im Besonderen verursacht. Regale sind immer gleich staubig, egal wie viele Personen in einem Haushalt leben. Wenn man Zahnpasta

Spritzer aus dem Waschbecken wischt ist es egal, ob sie von einer Person stammen oder von vier.

Natürlich gibt es Graubereiche. In einem Haushalt mit sechs Personen muss die Spülmaschine öfter laufen als in einem Singlehaushalt und muss daher auch öfter ein- und ausgeräumt werden. Aber im Großen und Ganzen kann man schon sehr gut unterscheiden, ob Unordnung und Schmutz von einer bestimmten Person verursacht wurden, oder einfach so, durch Alltagstätigkeiten entsteht.

In einer WG mit Putzplan wäre die Sache einfach. Jeder macht seine eigenen persönlichen Arbeiten und die allgemeinen Arbeiten (Runden) werden nach Plan aufgeteilt.

Da ich keine Putzpläne mag, sieht für mich die Sache so aus: Selbstverständlich erledige ich meine eigenen persönlichen Arbeiten. Und ich mache die allgemeinen Arbeiten, ohne mir den Kopf darüber zu zerbrechen, was die anderen machen. Allgemeine Arbeiten sind durch mein Rundensystem nicht so viel Arbeit, dass es wichtig wäre diese Arbeit aufzuteilen. Ich finde, das Aufteilen und Überwachen, ob die Aufteilung eingehalten wird, anstrengender als die Arbeiten mittels Runden einfach zu erledigen.

Ich mag mein Zuhause, genieße die aufgeräumte Atmosphäre und kümmere mich deshalb darum. Weil ich das Ergebnis mag, macht mir auch die Arbeit Freude und ich fühle mich nicht von den anderen ausgenutzt.

ABER: Das gilt nur für allgemeine Arbeiten. Die persönlichen Arbeiten für andere übernehme ich nicht. Auch nicht für meine Familie.

Für die persönlichen Arbeiten von jemand anderem verantwortlich zu sein, bringt automatisch gewisse Positionen der Menschen zueinander mit sich. Es bringt den einen in die Position des „sich um jemanden kümmern", oder eine Dienstleistung zu erbringen, und den anderen in die Position einer Abhängigkeit, oder eines „Auftraggebers".

Diese Positionen sind es, die das Thema Hausarbeit so emotional werden lassen.

Die Zuständigkeit für persönliche Arbeiten löst in vielen Familien Ungleichgewichte in der Perspektive zueinander aus. Hier ein paar Beispiele:

Selbstverständlich bin ich für die persönlichen Arbeiten meines Sohnes (im Kindergartenalter) zuständig. Es ist meine Aufgabe, seine Spielsachen in Ordnung zu halten, seine Wäsche zu waschen und seine Termine (Kinderarzt, Kinderfeste, usw.) im Kopf zu haben. Es ist auch mein Job, zu wissen ob seine Strumpfhosen zu klein sind und neue gekauft werden müssen. Es besteht eine ganz klare Perspektive: Ich bin die, die sich kümmert, er ist das Kind. Er ist von mir abhängig und ich erwarte von ihm, weil er ja ein Kind ist, keinen Dank dafür. Die Perspektive ist angemessen zwischen Mutter und Kind und verursacht keine Probleme.

Aber will ich die gleiche Perspektive auch auf meinen Mann haben? Wie soll ich es anstellen, seine Sachen in Ordnung zu halten, seine Wäsche zu waschen, seine Termine im Kopf zu haben und zu wissen ob alle seine Socken löchrig sind und er neue braucht, ohne ihn gleichzeitig als „Kind“ wahrzunehmen, oder das Gefühl zu haben eine Dienstleistung zu erbringen? Ich möchte meinen Mann nicht als unselbständiges „Kind“ sehen, für dessen Socken ich verantwortlich bin. Sondern als attraktiven, erwachsenen Mann, der sich alleine anziehen kann (Er konnte sich auch schon vollständig und sauber anziehen bevor wir uns kennen gelernt haben, und da war er auch berufstätig). Und ich bin auch nicht seine Haushälterin. Die gleiche Perspektive, die für ein Kind passt, ist nicht angemessen zwischen Mann und Frau. Oder zumindest nicht zeitgemäß.

Wir sind beide berufstätig. Da mein Mann aber einen aufwändigeren Arbeitsalltag hat als ich, kommt es natürlich vor, dass er mich bittet: „Schatz, könntest du eine Maschine Wäsche für mich waschen?“. Was auch völlig in Ordnung ist.

Aber, ich bin nicht dafür ZUSTÄNDIG. Ich tue ihm einen Gefallen, bin aber nicht grundsätzlich dafür verantwortlich, ob er saubere Unterhosen hat. Das ist ein riesen Unterschied in der Perspektive. Sowohl für die Perspektive aus der ich meinen Mann sehe, als auch für die Sicht auf die zu machende Arbeit.

Ähnlich ist es bei Teenagern. Es ist schwierig, jemanden nach und nach als Erwachsenen zu sehen, während man noch seine Sachen in Ordnung hält und seinen Impfpass kontrolliert, wie man es beim Dreijährigen schon getan hat. Mehr Verantwortung, was viele Teenager wollen, sollte auch nach und nach mehr Verantwortung für die persönlichen Arbeiten bedeuten.

Anstatt mit Ihrem Teenager darüber zu streiten, sich an den allgemeinen Haushaltsarbeiten zu beteiligen, übertragen Sie ihm besser immer mehr Verantwortung für seine persönlichen Arbeiten. Da ist es auch viel einfacher konsequent zu bleiben. Er ist es, der mit einem schmutzigen T-Shirt in die Schule muss, wenn er seine Sachen nicht wäscht. Beim Aus- und Einräumen der Spülmaschine werden Sie nachgeben, schließlich sind Sie es, die sonst zwischen Stapeln von schmutzigem Geschirr in der Küche arbeitet. Die schmutzigen Socken Ihrer Tochter können Ihnen egal sein. Und wenn in den Jugendzimmern nie staubgesaugt wird, so haben Sie trotzdem Ihr gemütlich aufgeräumtes Wohnzimmer.

In welchem Alter welche Arbeit möglich ist, müssen Sie sich für Ihre Kinder natürlich selbst überlegen. Aber ich denke, wer erwachsen genug ist um abends auszugehen, ist auch erwachsen genug um sich zumindest um einen Teil seiner persönlichen Arbeiten selbst zu kümmern. Egal für welche Arbeiten Sie sich entscheiden. Achten Sie darauf, größeren Kindern und Teenagern persönliche Arbeiten anstatt allgemeiner Arbeiten zu übertragen. Wir neigen dazu, Kindern möglichst unwichtige Tätigkeiten zu übertragen. Damit implizieren wir, dass es nicht so wichtig ist, wenn sie mal nicht erledigt werden. Das ist ein schlechter Appell an das Verantwortungsbewusstsein. Wichtige persönliche Arbeiten, die persönliche Konsequenzen haben wenn man sie liegenlässt, sind ein besserer Einstieg in die Hausarbeit.

Für die persönlichen Arbeiten eines anderen verantwortlich zu sein, bringt uns in eine Position der Überlegenheit und Kontrolle, und macht uns gleichzeitig zu einem Dienstleister der anderen Person. Versuchen Sie, über diese Aspekte der Hausarbeit nachzudenken und Ihren persönlichen Standpunkt zu finden. Mögen Sie (insgeheim) die Überlegenheit und Kontrolle, die die Verantwortlichkeit mit sich bringt? Oder fühlen Sie sich zu wenig wertgeschätzt und ungerecht behandelt für die Dienstleistung, die Sie erbringen? Oder beides?

Trennen Sie persönliche von allgemeinen Arbeiten (zumindest geistig), und ich verspreche Ihnen, dass sich Ihr Unmut gegen Hausarbeit legt.

Stellen Sie sich bei jeder Arbeit die Frage: „Hätte ich diese Arbeit auch, wenn ich alleine wohnen würde?“. Ist die Antwort Ja, so handelt es sich um eine allgemeine Aufgabe und sie erledigen sie einfach ohne weiteres Nachdenken. Ist die Antwort Nein, so handelt es sich um die persönliche Arbeit von jemand anderem, und Sie sollten mit ihm darüber sprechen, wer sie erledigt. Falls Sie es sind, der die Arbeit zufällt, sollten Sie sich zumindest bewusst darüber sein, dass Sie mit dieser Arbeit jemand anderem einen Gefallen tun, bzw. eine Dienstleistung erbringen, und sich überlegen, wie dadurch Ihre Perspektive auf diesem Menschen beeinflusst wird.

Selbstverständlich sind kleine Kinder von dieser Denkweise ausgenommen. Babybodys zu waschen ist keine Dienstleitung oder Gefallen dem Baby gegenüber. Die Fragestellung lautet dafür natürliche: „Hätte ich diese Arbeit auch, wenn ich alleine (mit meinem Baby) wohnen würde?“.

Ein Haushalt, für den sich zwei Erwachsene zuständig fühlen, ist im Idealfall doppelt so sauber wie ein Singlehaushalt. Nicht halb so viel Arbeit.

Dass sich alle Familienmitglieder an Level 0 halten, muss natürlich sein. Schmutziges Geschirr, dreckige Wäsche und Müll herumliegen zu lassen, wo auch noch andere wohnen, ist rücksichtslos. Auch wenn nur eine Person im Haushalt für allgemeine Arbeiten, Aufräumen und Putzen zuständig ist, Level 0 gilt für alle und wird von allen selbst erledigt.

Jeder hat ein bisschen einen anderen Blick für Ordnung und Sauberkeit, und idealerweise bereichern wir uns dadurch gegenseitig. Anstatt zu streiten, wer welche Hälfte macht, ergänzen wir uns. Der Blick für Ordnung und Sauberkeit ist sehr individuell. Einem ist es wichtig, dass es nicht staubig ist, während der andere jeden Wasserspritzer auf den Fliesen sieht.

Wenn beim wöchentlichen Saubermachen (Runde Drei) jeder so putzt, wie er es für richtig hält und man die Aufgabenbereiche abwechselt (mal der eine die Küche und der andere das Bad und umgekehrt), kommt man zu einem sehr guten Ergebnis. Die unterschiedlichen Wahrnehmungen beim Putzen ergänzen sich und ergeben gemeinsam ein besseres Ergebnis, als wenn immer nur einer die gleiche Arbeit auf die gleiche Weise macht.

Wenn Sie Ihre Hausarbeit in Runden planen, ist es viel leichter, sie zu verteilen und möglicherweise auch auf fremde, bezahlte Hilfe auszulagern. Logischerweise wäre es Runde Drei, das wöchentliche Saubermachen, das sich am besten an fremde Hilfe abgeben lässt. Bei Runde Eins und Zwei funktioniert das nur schlecht. Außerdem kann eine Putzfrau, die einmal pro Woche kommt, viel mehr ausrichten und ein viel besseres Ergebnis erzielen, wenn sie in einer aufgeräumten und oberflächlich sauberen Wohnung zu Werke geht.

Wenn Sie sich entschließen, die allgemeinen Arbeiten und Runden auf mehrere Personen zu verteilen, machen Sie sich im Alltag trotzdem nicht allzu viele Gedanken über die „faire" Verteilung der Arbeit. Jede Woche stundenlang darüber zu debattieren wer welche Arbeiten zu erledigen hat, die für sich selbst genommen nur ein paar Minuten dauern, ist Zeit- und Energieverschwendung.

Versuchen Sie, Ihre Einstellung zur Hausarbeit zu ändern. Die vielen Diskussionen über Haushaltsarbeiten entstehen nicht, weil es so viel Arbeit macht ein paar Krümel wegzufegen, sondern weil die Arbeit in ihrer herkömmlichen Form als mühsame, unbefriedigende und minderwertige Tätigkeit wahrgenommen wird und sie deshalb keiner machen will. Anstatt sich um seinen Haushalt zu kümmern, schielt jeder nur danach, ob die anderen ja keinen Handgriff weniger machen als man selbst.

Tun Sie einfach was nötig ist. Wenn sich mehrere Menschen daran beteiligen, und ebenfalls tun was sie für nötig halten, ist die Wohnung umso sauberer. Wenn nicht, ist sie eben so sauber wie Sie alleine es managen. Und mit Hilfe der Runden und Level ist das sauber genug um schön und gemütlich zu wohnen.

Wie gesagt, Level 0 ist dabei die Ausnahme. Dieser Level muss von allen eingehalten werden und darauf können Sie auch bestehen. Sich bei Müll und dreckiger Wäsche hinterher räumen zu lassen ist respektlos. Da gibt's keine Arbeitsteilung. Jeder macht seinen Dreck weg. Abgesehen von Level 0 ist es nicht so wichtig, wer die Runden erfüllt. Wenn Sie selbst für ein gemütliches Zuhause sorgen, und die anderen es genießen, gönnen Sie es ihnen und verderben Sie sich Ihr Zuhause nicht durch mühsame Arbeitsplanung und womöglich Streit darüber. Da ist es weniger Arbeit die Runden einfach zu erledigen.

Gehen Sie die Arbeit gemütlich an. Machen Sie sich eine große Tasse Kaffee und beginnen Sie die Runde, die gerade ansteht. Langsam und ohne Eile. Konzentrieren Sie sich nicht darauf „es so schnell wie möglich hinter sich zu bringen“, sondern sorgen Sie einfach in Ruhe für die nötigen Dinge. Sie werden sehen, dass Sie bald nicht nur Ihre Wohnung, sondern auch die Arbeit an sich als gemütlich empfinden. Mit einer Tasse Kaffee nebenbei am Esstisch zu stehen und Wäsche zu falten, während Sie Ihren Kindern beim Spielen zuhören oder sich mit jemandem unterhalten, ist gar nicht so furchtbar anstrengend. Diese Tätigkeiten gehören dazu wie Duschen und Zähneputzen. Sie ärgern sich ja auch nicht jeden Tag, dass Sie schon wieder Zähneputzen müssen, obwohl Sie es doch gestern erst getan haben. Warum also sich ärgern, dass Sie heute schon wieder die gleichen Sachen aufräumen wie gestern?

Je mehr Sie das Ergebnis, Ihr schönes und gemütliches Zuhause, mögen, desto mehr werden Sie es auch mögen dafür zu sorgen. Genießen Sie das Ergebnis, dann machen auch die nötigen Arbeiten Freude.

Level 2 Organisieren und immer besser werden

Wenn es Ihnen gelungen ist, die Runden von Level 1 in Ihren Alltagsgewohnheiten zu verankern, haben Sie das größte Stück geschafft.

Täglich aufräumen, fast täglich oberflächlich wischen und kehren, einmal pro Woche sauber zu putzen und zwischendurch Waschmaschine und Spülmaschine betätigen. Das war's. Und das Geheimnis ist nur, die Tätigkeiten Schritt für Schritt fest in der Gewohnheit zu verankern, und darauf zu achten nicht zu gründlich zu sein, damit die Arbeit realistisch bleibt.

Sie sollten sich erst an die Umsetzung von Level 2 machen, wenn Level 1 wirklich eine feste Gewohnheit ist. „Hast du's eilig, gehe langsam", sagen die Buddhisten. Sie haben jetzt viele Jahre in einem unorganisierten Haushalt gelebt, da kommt es auf ein paar Wochen mehr auch nicht mehr an. Verderben Sie sich nicht die Freude und den Erfolg, indem Sie zu schnell zu viel wollen.

Um auf Level 2 zu gelangen, müssen wir unsere Wohnung nach und nach besser organisieren und, wenn Sie möchten, auch ein wenig verschönern und erneuern.

Wenn Ihnen Level 1, mit den vorgeschlagenen Runden, nicht sauber genug ist, können Sie jederzeit so viele Runden Drei (gründliches Saubermachen) einbauen wie Sie wollen. Diese Runde kann auch öfter als wöchentlich erledigt werden. Oder Sie denken sich eigene Runden zusätzlich aus. Achten Sie aber darauf, dass Sie solche Extra-Runden nur machen, wenn die Runden Eins und Zwei (tägliches Aufräumen und oberflächliches Wischen und Kehren) für die ganze Wohnung erfüllt sind. Sonst fallen Sie leicht in das alte Muster zurück, sind an einem Ende zu gründlich während der Rest im Chaos versinkt und starten damit den alten negativ-sinnlos Kreislauf, der Ihnen die Hausarbeit vergrault. Runde Drei und vor allem zusätzliche „Runden Drei“ sind nur erlaubt, wenn Runden Eins und Zwei erfüllt sind.

In Level 2 geht es nicht nur darum, die Wohnung sauberer werden zu lassen, sondern auch organisierter und ordentlicher. Egal wie sauber man putzt, eine unorganisierte Wohnung voller „Baustellen“ wird nie so richtig schön werden.

Auch die tägliche Arbeit wird leichter, wenn eine Wohnung schön organisiert ist. Vor allem Runde Eins, das tägliche Aufräumen, wird einfacher und geht schneller, wenn alles einen Platz hat, an den man es überhaupt aufräumen kann. Wischen und Kehren geht schneller, wenn dafür nicht tausend Sachen verschoben werden müssen.

Natürlich müssen Sie nicht in Hotelatmosphäre wohnen. Wie viel Organisation und Ordnung Sie als gemütlich empfinden, müssen Sie mit sich und Ihrer Familie ausmachen. Ich empfehle aber auch hier realistisch zu sein.

Man hört oft, dass uns von der Film- und Werbeindustrie ein falsches, viel zu künstliches Schönheitsideal vorgeschrieben wird. Unzählige Artikel und Gespräche machen darauf aufmerksam, dass besonders Frauen sich nicht dazu verleiten lassen sollen, sich mit retuschierten, in natura nicht möglichen, Schönheitsidealen zu messen.

Das Gleiche gilt auch für unsere Wohnungen. In Filmen sieht man Frisierkommoden, über und über vollgestellt mit blitzenden Flakons, die sich in einem blanken Spiegel verdoppeln, an dessen Rand etliche malerische Postkarten, Fotos und Post-it-Zettel kleben. Sie wissen vermutliche, wie ein Frisiertisch, vollgestellt mit klebrig-staubigen, halbvollen Fläschchen und angestaubten Karten (die verhindern, dass man den Spiegel vernünftig putzen kann) im echten Leben aussieht.

Wenn Sie sich also daran machen, Ihre Wohnung besser und schöner zu organisieren, achten Sie – wie beim körperlichen Schönheitsideal – darauf, sich am echten Leben zu orientieren und nicht einer Fantasie der Filmindustrie nachzulaufen, die sich im Alltag nicht umsetzten lässt.

Hier ein paar Tipps, die Ihnen vielleicht bei der Organisation helfen:

Schwere und große Deko-Gegenstände sind besser als kleine und leichte. Ein Arrangement aus schweren Gegenständen kann man abstauben ohne sie festhalten, hochheben oder besonders vorsichtig sein zu müssen.

Befestigen Sie gerahmte Bilder an der Wand nicht nur mit einem Haken, sondern zusätzlich an der unteren Hälfte der Rückseite mit doppelseitigem Klebeband. Dann können auch diese Bilder leicht und ohne zu verrutschen mit einem Staubwedel abgestaubt werden.

Fassen Sie kleine Alltagsgegenstände in Körbchen oder anderen Behältern dort zusammen wo Sie sie auch tatsächlich benutzen. Ich habe zum Beispiel Maniküre-Sachen (Feilen, Öle, Lacke) immer beim Sofa stehen, wo ich sie beim Fernsehen fast täglich benutze. Lose auf dem Couchtisch würden sie beim Aufräumen stören. Sie im Badezimmer aufzubewahren ist unpraktisch, weil ich sie ja vor dem Fernseher benutze. Ein Körbchen mit Maniküre Werkzeug auf der hinteren Sofalehne stört nicht und sieht ordentlich aus.

Meiden Sie Flächen die häufig und stark verschmutzt werden als Ablagefläche. Das gilt vor allem für den Rand von Waschbecken und Dusche und die unmittelbare Umgebung von Herd und Spüle. Diese Flächen sollten „wischbar" bleiben. Organisieren Sie Bad und Küche so, dass vor allem Ansammlungen von kleinen Gegenständen wie Flaschen und Dosen, nicht im unmittelbarsten Einzugsgebiet von Fett- und Wasserspritzern liegen. Auch wenn man es in Filmen so sieht. Ein Gewürzregal mit vielen Gläschen, unmittelbar über dem Herd, kann im echten Leben nicht schön aussehen, es ist IMMER schmutzig.

Wenn Sie beginnen ein wenig auf diese Dinge zu achten, und täglich Ihre Wohnung aufräumen, werden Sie sicher bald ein Gespür für diese „Stolperfallen" entwickeln.

Um unsere Wohnung besser zu organisieren fügen wir nun einige Zusatzrunden hinzu, die die gewohnten Alltagsrunden ergänzen. Für diese Runden kann ich Ihnen leider keine Vorgaben machen, wie häufig Sie sie in Ihrem Alltag unterbringen müssen. Das hängt von der notwendigen Arbeit und Ihren Möglichkeiten ab. Bitte lesen Sie die Zusatzrunden durch und planen Sie selbst.

Sie können jetzt die in Kapitel 2 angefertigte Liste Ihrer persönlichen Baustellen zur Hand nehmen, und sie noch einmal begutachten.

Zusatzrunde Eins: Baustellen beseitigen

Gehen Sie die Liste noch einmal durch und überprüfen Sie kritisch wie Sie vorgehen wollen.

Halten Sie die einzelnen Aufgaben möglichst klein. Wenn Sie Ihre Schränke ausmisten wollen, schreiben Sie sich nicht in den Kalender „Schränke ausmisten", sondern seien Sie konkret: Schublade mit Unterwäsche sortieren, Hängeschrank durchsehen, Winterschuhe wegräumen etc.

Fangen Sie Arbeiten immer nur so an, dass Sie sie auf einmal fertig machen können, und im Notfall die Arbeit kurzfristig abbrechen können. Das heißt, wenn Sie die Küchenschränke ausmisten und putzen wollen, räumen Sie jeweils einen Schrank aus, machen ihn sauber, und räumen ihn wieder ein. Dann den nächsten. Nicht alle Schränke leer machen, ein riesen Chaos anrichten, von etwas unterbrochen werden oder die Lust verlieren, und das Chaos bis zum nächsten Wochenende stehen lassen. Wenn Sie zwischendurch aufgeben, sind eben nur zwei Schränke gründlich gemacht worden. Aber deswegen muss nicht die ganze Küche unbewohnbar sein.

Eigentlich können die Zusatzrunden willkürlich erledigt werden, immer wieder mal was tun reicht völlig. Wenn Sie aber noch nicht sehr sattelfest sind, hilft es Ihnen wahrscheinlich, dafür fixe Termine einzurichten. Planen Sie in diesem Fall nur die Termine, an denen eine Baustellen-Zusatzrunde ansteht, und dann erst kurzfristig, welche Baustelle sie angehen wollen. Sie können die Zeitfenster für Zusatzrunden planen, ohne von vorneherein bestimmte Arbeiten festzulegen. Damit haben Sie die Sicherheit von Gewohnheit und Termin und sind trotzdem flexibel, um zu sehen was gerade am nötigsten erledigt werden muss.

Fangen Sie bei Kategorie 1 – den einfachen Baustellen – die Sie alleine beseitigen können, an, und arbeiten Sie sich langsam durch Ihre Liste, bis nur noch die ganz großen Projekte übrig bleiben. Diese können Sie dann gesondert planen.

Da die Alltagsrunden jetzt schon zu Ihren fixen Gewohnheiten gehören, wächst so schnell kein neues Chaos mehr nach, und Ihre Wohnung wird mit jeder Baustelle die Sie beseitigen ein bisschen perfekter, bis die ganze Liste abgearbeitet ist.

Zusatzrunde Zwei: Einzelne Bereiche neu organisieren

Wenn sich die Lebensumstände verändern, müssen einzelne Bereiche einer Wohnung immer wieder mal neu organisiert werden. Diese Zusatzrunde wird also auch in der perfektesten Wohnung immer wieder nötig. Das Projekt „schöner Haushalt“ ist neu für Sie, also gehen Sie diese Zusatzrunde jetzt zumindest einmal an. Später können Sie sehen, wie oft sie nötig ist.

Während Sie an einer Studienarbeit schreiben, oder viel von zu Hause aus arbeiten, wird zum Beispiel der Schreibtisch der Lebensmittelpunkt des Zimmers sein und das Zimmer sollte dahingehend organisiert werden. Wenn Sie gerade ein neugeborenes Baby haben, wird sich der Lebensmittelpunkt wahrscheinlich für eine Weile aufs Sofa verschieben, und Sie müssen Ihren Lebensbereich dahingehend neu organisieren.

Eine Küche, in der Sie nur einmal pro Woche kochen, muss anders eingeräumt sein, als eine Küche in der täglich gekocht wird. Bei Kindern ändern sich relativ schnell die Interessen und damit das Spielzeug und seine Aufbewahrung.

Achten Sie darauf, Ihre Wohnung regelmäßig an Ihre Gewohnheiten anzupassen. Passen Sie die Wohnung an Ihre Bedürfnisse an, und nicht sich selbst an die Wohnung! Viele

Menschen richten ohne nachzudenken eine Standardwohnung ein. Kinderzimmer, Schlafzimmer, Wohnzimmer, Basta!

Diese Klischees entsprechen aber nicht immer den tatsächlichen Bedürfnissen der Bewohner. Wohnungen, die nicht den Lebensbedürfnissen entsprechen, sind viel schwerer ordentlich zu halten, als wenn sie gut zum echten Alltagsleben passen. Auch hier sollten Sie sich nicht an die Schablone von Film- und Fernsehen halten, sondern Ihre Bedürfnisse beobachten.

Kleine Kinder wollen nicht in abgesonderten Kinderzimmern spielen, während sich Teenager gerne zurückziehen. Wenn abends ein Erwachsener vor dem Computer sitzen möchte, während der andere fernsieht, ist es nicht ideal, wenn Arbeitsplatz und Fernseher im gleichen Zimmer sind.

Leute, die meine Wohnung sehen, wundern sich immer wieder, über unsere Kombination vom Schreibtisch im „Kinderzimmer", das das größte Zimmer der Wohnung ist. „Wie kannst du im Kinderzimmer arbeiten?", fragen Sie mich. Aber die Antwort ist einfach: Ich komme zu Hause fast nur nachts zum Arbeiten. Nachts schläft mein Sohn im Schlafzimmer, und das Kinderzimmer ist der ruhigste Ort der Wohnung. Ruhiger als Küche und Wohnzimmer, wo sich mein Mann abends zu schaffen macht.

Und warum ist das Kinderzimmer das größte und zentralste Zimmer der Wohnung, während das Wohnzimmer etwas abgelegen ist? Ganz einfach. Das große Zimmer ist ein Durchgangszimmer, durch das man zu den beiden anderen Zimmern (Schlafzimmer und Wohnzimmer) kommt. Kleine Kinder stört es nicht, wenn man ständig durch ihr Zimmer läuft. Ganz im Gegenteil, sie wollen mitten im Geschehen sein. Ein Wohnzimmer, in dem man nie seine Ruhe haben kann stört schon. Da machen wir auch gerne mal die Türe zu. Deshalb ist das abgelegene Zimmer dafür geeigneter.

Das sind natürlich nur Beispiele. Ich empfehle Ihnen aber, sich Gedanken zu machen, wie Sie Ihre Wohnung am besten an die eigenen Bedürfnisse anpassen und diese Einteilung immer wieder „updaten". Wenn mein Sohn ein Teenager ist, möchte er sicher nicht mehr das Durchgangszimmer haben. Dann ändern wir die Raumaufteilung eben wieder.

Es gibt keine Vorschrift für die orthodoxe Schlafzimmer-Wohnzimmer-Kinderzimmer Einteilung. Je besser die Wohnung an Ihre Alltagsbedürfnisse angepasst ist, desto leichter lässt sich alles in Ordnung halten, und desto gemütlicher ist Ihr Zuhause.

Wer kennt ihn nicht, den Esstisch, der vor lauter Arbeits- und Studienunterlagen gar nicht mehr zu sehen ist, während der

Schreibtisch verwaist (Vermutlich steht er im Schlafzimmer unter einem Berg Bügelwäsche). Stellen Sie den Schreibtisch dorthin, wo Sie sich wohlfühlen, und Sie haben einen leeren, aufgeräumten Esstisch.

Die Schul- und Lernsachen Ihrer Tochter liegen immer auf der Couch herum, während das dafür gedachte Regal in Ihrem Zimmer leer ist? Stellen Sie das Regal zur Couch. Wenn Ihre Tochter gerne auf der Couch lernt, ist dort auch der richtige Platz für ihre Sachen. Das Zimmer wird dadurch gemütlicher, weil die Sachen anstatt „herumzuliegen" an dem Ort, an dem man sie benutzt, auch aufgeräumt sind.

Fallen Sie nicht auf Klischees herein, die Sie nicht wirklich meinen. „Ich möchte keine Spielsachen im Wohnzimmer. Die Kinder haben ihre eigenen Zimmer", ist so ein Klischee. Überlegen Sie realistisch, welches Familienmitglied welchen Platz braucht und planen Sie für alle.

Mit Wohnklischees werden Sie genauso wenig glücklich wie mit unrealistischen Vorbildern aus Film- und Fernsehen. Es ist Ihr Alltag und Ihre Wohnung.

Zusatzrunde Drei: Einzelne Bereiche gründlich machen

Was wir täglich um uns haben, nehmen wir irgendwann nicht mehr so richtig wahr. Aus dieser Selbstverständlichkeit resultiert zum Teil der psychologische Wohlfühlfaktor unseres Zuhauses. Die Sinne werden zu Hause „heruntergefahren", da sie nichts Unbekanntes mehr verarbeiten müssen.

Dieser Gewöhnungseffekt kann aber auch trügerisch sein und uns stagnieren lassen. Ein bisschen Anreiz für die Sinne ist hin und wieder auch zu Hause nicht schlecht. Es ist schön, wenn wir unser Zuhause auch mal in neuem Licht sehen.

Versuchen Sie Ihr Zuhause gelegentlich mit den Augen eines Fremden zu betrachten. Wenn man 10 Jahre lang den gleichen Klovorleger im Bad hat, sieht man gar nicht, dass dieser eigentlich schon recht schäbig ist, und beim Waschen gar nicht mehr richtig sauber wird.

Sie benutzen immer den gleichen Plastikkochlöffel, der inzwischen zerkratzt, verfärbt und am Rand ein wenig angeschmolzen ist. Sie bemerken das gar nicht, aber würden Sie diesen Kochlöffel auch in einer fremden Küche appetitlich finden?

Die Pappmache Burg, die Ihre Tochter vor Jahren gebastelt hat, steht gut sichtbar auf dem Wohnzimmerschrank. Ein Fremder sieht hier vermutlich nur noch staubiges Altpapier.

Machen Sie sich gelegentlich die Mühe, und versuchen Sie mit dem „Fremdblick" auf Ihre Wohnung einzelne Bereiche gründlich und „frisch" zu machen. Erinnerungen, die Sie aufbewahren möchten, können Sie natürlich aufbewahren. Aber wenn die Stücke ihren Glanz als Deko verloren haben, sollten Sie das besser in einer Kiste tun. Auch die teuersten Vorlegeteppiche haben irgendwann ihre Lebensdauer erreicht und sind einfach nicht mehr schön. Gönnen Sie sich und Ihrem Zuhause hin und wieder einen „Frischekick".

Das gilt besonders für Alltagsgegenstände, die sichtbar verwahrt werden. Neue Geschirrtücher und Schneidebretter in der Küche, neue Handtücher im Badezimmer oder ein kritischer Blick auf die Deko im Wohnzimmer, können einen Raum im Handumdrehen beleben.

Im Idealfall geht diese Zusatzrunde mit einer Runde besonders gewissenhaften Putzens einher. Möbel von der Wand weg rücken und den Boden darunter sauber machen, Fenster putzen, Vorhänge und Bezüge waschen usw. Ein paar Tricks zu dieser Arbeit finden Sie noch im letzten Kapitel.

Achten Sie aber auch hier darauf, die einzelnen Arbeitsschritte klein zu halten und in einer realistischen Dosis zu planen. Knüpfen Sie diese Zusatzrunde an bestimmte Ereignisse. Zum Beispiel macht ein gewissenhafter „Fremdblick“ auf das Kinderzimmer vor dem Schulbeginn im Herbst, gepaart mit ein paar frischen Utensilien fürs Zimmer, ein schönes Lebensgefühl für den frischen Start in ein neues Schuljahr.

Mit den drei Zusatzrunden, Baustellen beseitigen, Bereiche neu organisieren und gelegentlich mit einem Fremdblick gründlich machen, können Sie Ihr Zuhause instand halten. Diese Zusatzrunden sind wie Wartungsarbeiten.

Sie werden immer wieder Zusatzrunden einlegen müssen. Auch wenn Sie Ihre ursprüngliche Liste abgearbeitet haben, werden gelegentlich neue Baustellen entstehen oder Bereiche neu organisiert werden müssen. Diese Arbeiten werden allerdings seltener, je organisierter ein Haushalt aus Gewohnheit ist. Zu Beginn Ihres Projektes werden Sie sich wahrscheinlich noch jede Woche einer Baustelle widmen müssen, später nur noch alle paar Monate.

Die normalen Alltagsrunden sind recht universell für jeden Haushalt. Jeder hat ein Bad, in dem gewischt werden muss und jeder muss aufräumen und staubsaugen. Bei den Zusatzrunden ist es etwas schwieriger, Allgemeines darüber zu sagen, wie man sie am besten im Alltag unterbringt. Wieviel davon nötig ist, hängt stark von den Lebensgewohnheiten ab.

Sie können sich angewöhnen, bestimmte Zeitfenster für die Zusatzrunden zu reservieren, zum Beispiel jedes zweite Wochenende im Monat.

Im Alltag schreiben Sie alles, was zu einer Zusatzrunde gehört auf eine Liste, und erledigen im nächsten Zeitfenster jeweils irgendeinen Punkt der gesammelten Liste, der Ihnen gerade wichtig erscheint.

Eine andere Möglichkeit ist es, zimmerweise vorzugehen. Im geplanten Zeitfenster wird jeweils ein Zimmer genau unter die Lupe genommen, Baustellen beseitigt, Teilbereiche neu organisiert und mit Fremdblick gründlich gemacht. Je nach Größe der Wohnung kommt so jedes Zimmer alle 4-5 Monate an die Reihe, das sollte genügen.

Clutter stört und belastet

Das englische Wort „Clutter“ bedeutet wörtlich „Durcheinander“. In Bezug auf einen Haushalt wird damit die Ansammlung von willkürlichen Gegenständen an einem Ort gemeint. Clutter sammelt sich in Winkeln und Ecken, auf Ablageflächen, oben auf dem Schrank und an vielen anderen Plätzen.

Meistens handelt es sich um Dinge, die mal irgendwo abgestellt werden, weil man nicht weiß wohin damit. So bildet sich dann im Flur ein Haufen aus: einem alten Drucker, den Schischuhen die noch nicht in den Keller geräumt wurden, ein Sack mit Altglas, ein Pulli, den man einer Freundin zurück geben möchte, eine Tüte mit Dingen die man geschenkt bekommen hat aber nicht braucht und der gebastelte Hut vom letzten Kinderfasching.

Beim nächsten Anlass stört dieses Durcheinander im Flur und man packt es wie es ist „aus dem Weg“ oben auf den Schrank (meist mit dem Vorsatz es später zu sortieren). Dort kann sich der Clutter dann so richtig festwachsen, und im Flur ist Platz für Neuen.

Clutter und Altlasten, die sich in der Wohnung häufen, können sehr belastend für das gesamte Lebensgefühl sein und äußerst „lähmend“ auf die Freude an einem schönen Zuhause wirken. Zum Thema Clutter, Aufbewahren und Ausmisten gibt es viel eigene Literatur. Sie finden Bücher zu diesem Thema unter den Stichworten „Simplify“ oder „Minimalismus“. Clutter ist in vielen Lebensweisheiten ein Thema, zum Beispiel auch bei Feng Shui.

Ein bisschen Clutter gibt es in jeder Wohnung. Normalerweise sollten Sie ihm mit Hilfe der Baustellenliste (Zusatzrunde Eins) Herr werden, und ihn einfach Schritt für Schritt beseitigen. Wenn Clutter in Ihrer Wohnung aber ein echtes Problem ist, sollten Sie sich mit diesem Thema gesondert beschäftigen.

Eine wirklich schöne Wohnung ist mit zu viel Clutter einfach nicht möglich. Hier sind ein paar Tipps, wie Sie das Entstehen von Clutter reduzieren oder vermeiden können. Die Gegenstände, aus denen sich Clutter bildet, kommen meistens aus den folgenden Bereichen und können mit diesen Tipps vermieden werden.

Ersetzen

Viel Clutter entsteht, wenn man Gegenstände ersetzt, die alten aber nicht wegwirft oder spendet. Man kauft zum Beispiel ein

Set neuer Kaffeetassen, weil die alten schon viele Sprünge haben und fleckig sind. Die neuen Tassen kommen in den Schrank. Die alten werden aber nicht entsorgt, weil man sie ja „noch brauchen könnte“ (was aber tatsächlich vermutlich nie passiert). Das führt zu folgenden Möglichkeiten:

a) Sie lassen die alten Kaffeetassen einfach auch im Schrank. Das führt irgendwann dazu, dass Sie 20 Kaffeebecher besitzen, von denen Sie aber nur 5 wirklich benutzen. Ihre Küchenschränke sind unpraktisch vollgestellt mit Dingen, die Sie nie benutzten, die Ihnen aber die Hausarbeit erschweren (siehe Abschnitt „Spülmaschine“ in Alltagsrunde Vier)
b) Sie packen die alten Tassen in eine Tüte, stellen Sie in den Flur, um sie bei Gelegenheit mal zu einer Hilfsorganisation zu bringen (was dann nicht erledigt wird). Und die Tassen bilden gemeinsam mit anderen Gegenständen Clutter der irgendwann auf den Schrank verfrachtet wird.
c) Sie packen die alten Tassen in den Abstellraum (wenn Sie einen haben), weil Sie sie ja mal zum Anrühren von Farbe brauchen könnten. Sofern Malen nicht Ihr größtes Hobby ist, ist dieser Plan unrealistisch, und es entsteht der gleiche Clutter wie auf dem Schrank.

Lösung: Wenn Sie etwas ersetzen, dann muss das alte weg. Es gibt nur zwei Möglichkeiten: Entweder etwas ist noch gut und brauchbar, dann müssen Sie nichts Neues kaufen. Oder Sie müssen – oder möchten – etwas ersetzen. Dann achten Sie aber darauf, dass Sie wirklich „ersetzen“ und nicht einfach nur zusätzlich anschaffen.

Ausborgen statt Anschaffen

Eine weitere Quelle für Clutter sind Dinge, die wir nur einmal oder sehr selten brauchen, Dinge die nicht so recht zu unseren anderen Sachen passen und deshalb auch keinen richtigen Platz finden.

Wenn Sie nur einmal in drei Jahren Schifahren gehen, und dann nicht wissen wohin mit der angeschafften Ausrüstung. Oder wenn Sie für einen einzelnen Anlass ein Fondue Set anschaffen, das in Ihren Küchenschränken keinen Platz hat.

Versuchen Sie solche Dinge, wenn möglich, auszuborgen anstatt anzuschaffen. Dann müssen Sie sie nicht aufbewahren.

Dieses Prinzip kann auf Gegenseitigkeit beruhen. Vielleicht sind Sie Hobby-Heimwerker und haben eine Werkstatt mit vielen Werkzeugen. Ihre Freundin ist eine leidenschaftliche Köchin und hat eine große Küche. Verborgen Sie Ihr

Werkzeug bei Gelegenheit an die Freundin, und leihen sich dafür von ihr wenn nötig das Fondue Set. So muss jeder nur die Dinge aufbewahren, für die er wirklich Platz und Ordnung hat.

Archivieren

Natürlich gibt es Dinge, die keinen eigentlichen Nutzen haben, die Sie aber, zum Beispiel als Andenken, aufbewahren möchten. Solange diese Dinge ansehnlich und dekorativ sind, ist es kein Problem sie an Pinnwänden oder in Regalen aufzubewahren.

Für Dinge, die Sie zwar aufbewahren, aber nicht mehr in Ihrer unmittelbaren Wohnumgebung haben möchten, können Sie das „Aus den Augen, Aus dem Sinn“ Prinzip verwenden.

Stellen Sie eine große, verschließbare Kiste bereit, in die Sie solche Dinge zunächst wegpacken. Sie können auch mehrere thematische Kisten aufstellen. Zum Beispiel eine für Kindersachen, eine für ungeliebte Geschenke, eine für persönliche Andenken usw.

Diese „Zwischenlagerung“ macht es leichter, sich von Dingen zu trennen, weil man sie ja nicht gleich wegwerfen muss. Und nach ein paar Wochen oder Monaten, ist der Blick dafür, was man tatsächlich aufbewahren will und was nicht, viel objektiver.

Achten Sie nur darauf, dass eine Kiste pro Thema wirklich das Limit ist. Wenn diese Kiste voll ist, muss eine Entscheidung getroffen und ausgemistet werden. Manche Sachen bleiben in der „Zwischenkiste“. Von manchen ist man dann ganz sicher, dass man sie aufbewahren möchte, und kann einen dauerhaften Platz für sie suchen und manche werden weggegeben. Wenn man sie eine Weile aus den Augen hatte, ist diese Entscheidung viel leichter.

Im Gegensatz zu den anderen, in diesem Buch beschriebenen Hausarbeiten, sind meine Vorschläge für die Bewältigung für Clutter keine vollständige Lösung. Sollten Ihnen diese Anregungen nicht genügen, den Clutter in den Griff zu bekommen, machen Sie sich am besten auf die Suche nach ergänzenden Büchern, die sich mit diesem Thema beschäftigen.

Den Wechsel der Jahreszeiten nutzen

Zum Schluss verrate ich Ihnen noch einen Extra-Trick, mit dem Sie die ganz großen Arbeiten erledigen können, und gleichzeitig Ihr Zuhause zu etwas Besonderem machen.

Manche Arbeiten müssen nur selten gemacht werden und sind dafür, auf einmal, recht viel Arbeit. Fensterputzen zum Beispiel. Da Sie dieses Buch gekauft haben, gehe ich davon aus, dass Sie nicht zu den Menschen gehören, die alle zwei Wochen alle Fenster der Wohnung putzen. Ich auch nicht. Überhaupt nie Fensterputzen geht aber auch nicht. Und wenn man dann einmal anfängt, ist man einen ganzen Nachmittag damit beschäftigt. Dann möchte man natürlich auch die Vorhänge waschen. Saubere Fenster hinter staubigen Vorhängen zu haben ist ja wohl sehr sinnlos. Und frische, saubere Vorhänge vor schmutzige Fenster zu hängen macht auch keinen Spaß.

Für diese Arbeiten ist es leicht, sie mit Jahreszeiten zu kombinieren. Ich habe zum Beispiel rote „Weihnachtsvorhänge“. Diese Vorhänge hängen von Ende November bis Mitte Jänner anstatt der normalen, weißen Vorhänge. Ich freue mich immer schon darauf, zur Weihnachtszeit meine Weihnachtsvorhänge rausholen zu können. Die Arbeit des Vorhänge-Tauschens, inklusive bügeln und die abgenommenen „Normalvorhänge“ nachher zu waschen, macht mir Freude. Ich habe nie das Gefühl, dass mal wieder Vorhängewaschen ansteht, weil ich mich ja auf meine Weihnachtsvorhänge freue.

Gemeinsam mit einigen weihnachtlichen Sofakissenbezügen und noch ein bisschen Deko, ergibt das jedes Mal einen spektakulären Effekt, wenn die Wohnung für ein paar Wochen plötzlich ganz anders aussieht.

Die Arbeit ist die gleiche, ob ich nun Weihnachsvorhänge aufhänge, oder einfach nur so die Vorhänge wasche und wieder aufhänge. Wenn man die Vorhänge nur abnimmt, wäscht und wieder aufhängt, hat man einen ganzen Nachmittag Arbeit, und am Ende sieht das Zimmer kaum anders aus als vorher. Das ist frustrierend. Sachen austauschen macht Spaß und ist nicht mehr Arbeit als die herkömmliche Vorgehensweise.

Immer wieder Mal einen Bereich neu zu gestalten, ist die beste Taktik um die Arbeit, die damit verbunden ist, zu mögen, und sie nicht als Plage zu empfinden. Dafür muss man nicht immer neue Sachen anschaffen. Wenn man die Dinge saisonweise austauscht, werden sie mit Vorfreude auf die Saison verbunden. Wie wäre es also mit einem sommerlich gestreiften Überzug fürs Sofa? Und im Winter ein kuschelig plüschiger? Damit erreichen Sie ganz nebenbei, dass der Sofabezug mindestens zweimal im Jahr gewaschen wird, und Sie freuen sich sogar noch darauf.

Sie können klein anfangen, und zum Beispiel nur die Bezüge der Sofakissen austauschen. Aber ich bin sicher, dass Sie den Effekt der „Wintercouch" und der „Sommercouch" bald lieben werden.

Es gibt vieles, was sich austauschen lässt, und in der Anschaffung nicht wahnsinnig teuer ist. Duschvorhänge, Kissenbezüge, kleine Teppiche, Badetücher, Bilder, Tischdecken und Bettwäsche zum Beispiel.

Wichtig ist aber, dass Sie nicht jedes Mal was Neues kaufen und dadurch Massen an ungebrauchtem Hausrat anhäufen. Einfach nur zwei Stück von etwas (z.B. Sommervorhänge und Wintervorhänge), so dass Sie einen Wiedererkennungseffekt bekommen, der für Sie das Gefühl einer bestimmten Jahreszeit auslöst. Das macht Ihr Zuhause heimelig und Kinder lieben es sowieso. Für Sie ist es spannend, wenn zum Beispiel zu Beginn der Sommerferien das Sofa jedes Mal seinen Sommerbezug bekommt, oder die Betten einen Bezug bekommen, der nur im Sommer verwendet wird. Das schafft Kindheitserinnerungen. Und auch für Erwachsene ist es schön, den Wechsel der Jahreszeiten ein bisschen bewusster zu erleben.

Ein bunter Faschings-Duschvorhang, der für ein paar Tage im Karneval aufgehängt wird, schadet niemandem, macht Spaß und bewirkt nebenbei, dass der „normale" Duschvorhang abgenommen und gewaschen wird.

Wenn Sie über beide Levels und alle Runden bei der Umsetzung des saisonweisen Austauschens von Bezügen und Teppichen angekommen sind, sind wir auch erfolgreich am Ende dieses Buches angelangt. Vielleicht brauchen Sie mehrere Anläufe, bis alles perfekt klappt, und es ist noch kein Meister vom Himmel gefallen, aber wenn Sie sich an die Grundregeln halten, so kommen Sie ganz sicher früher oder später zu dem gemütlichen Zuhause, von dem Sie immer geträumt haben.

- Halten Sie die Alltagsrunden konsequent ein und verankern Sie diese fest in Ihren Gewohnheiten.
- Legen Sie regelmäßig Zusatzrunden ein, um den Fortschritt Ihrer Bemühungen sichtbar zu machen.
- Achten Sie darauf, nicht zu gründlich zu sein.
- Trennen Sie persönliche von allgemeinen Arbeiten und verlieren Sie nicht die Freude an der Tätigkeit.

Im Anhang finden Sie noch die besprochenen Runden und Levels zusammengefasst als Merkhilfe.

Ich wünsche Ihnen viel Freude mit Ihrem neuen, schönen Zuhause. Genießen Sie es. Und wenn Sie es geschafft haben, den aufgeräumten Haushalt Ihrer Träume umzusetzen, würde ich mich freuen, wenn Sie dieses Buch weiterempfehlen.

Anhang

Zusammenfassung der Runden und Levels

Level 0

Level 0 gehört nicht zur eigentlichen Hausarbeit. Er ist die Grundlage von zivilisiertem Wohnen und muss von allen Familienmitgliedern eingehalten werden. Schmutzwäsche, schmutziges Geschirr und Sauberen Müll lässt man nicht einfach fallen, wo man gerade ist, sondern räumt ihn an die dafür vorgesehenen Plätze. Sofort. Und Immer.

Level 1

Level 1 sorgt für eine ordentliche und saubere Alltagsumgebung. Er setzt sich aus folgenden Runden zusammen:

Alltagsrunde Eins: Das tägliche Aufräumen

An ein bis zwei Ankerpunkten im Tagesverlauf wird alles aufgeräumt, was während des Tages benutzt wurde und liegengeblieben ist. Alles kommt an seinen Platz und die Wohnung wird ordentlich arrangiert. Decken gefaltet, Kissen aufgeschüttelt, Tischdecken zurechtgerückt, Schuhe ordentlich hingestellt, Jacken aufgehängt etc. Diese Runde sollte ca. 10-20 Minuten in Anspruch nehmen.

Alltagsrunde Zwei: Das (fast) tägliche Putzen

Im Anschluss an Runde Eins, wird oberflächlich sauber gemacht.

Man füllt das Spülbecken mit Wasser, nimmt einen Lappen und wischt alle offensichtlichen Flächen sauber. Arbeitsflächen, Waschbecken und Badewanne, Couchtisch, Esstisch und zum Schluss die Klobrille.

Dann fegt man mit einem herkömmlichen Besen die offensichtlichsten Krümel und Wollmäuse weg. Kleine Teppiche kann man, dort wo sie liegen, auf den Boden ausschütteln und den herausgefallenen Schmutz wegkehren.

Bei dieser Runde ist es wichtig, nicht zu gründlich vorzugehen. Sie darf maximal 15-20 Minuten dauern.

Alltagsrunde Drei: Das wöchentliche Saubermachen

Einmal pro Woche putzt man die Wohnung gründlich. Diese Arbeit kann leicht auf mehrere Personen oder fremde Hilfe ausgelagert werden. Die Liste der wöchentlichen Arbeiten muss an den persönlichen Bedarf angepasst und festgelegt werden. Sie beinhaltet aber mindestens:

- Staubwischen und in der ganzen Wohnung Staubsaugen. Polstermöbel mit dem kleinen Staubsaugeraufsatz absaugen.
- Abwechselnd Bad oder Küche gründlich putzen. Sachen von den Ablageflächen nehmen und gründlich wischen. Fliesen und Böden sauber aufwischen usw.
- Klo gründlich putzen.
- Bettenüberziehen. In Familien mit vielen Betten kann man wöchentlich abwechseln.
- Abends die in der Woche angefallene Bügelwäsche bügeln.

Ohne Bügeln sollten diese Arbeitsschritte ca. 2-3 Stunden in gemütlichem Arbeitstempo mit Pausen und Unterbrechungen dauern.

Alltagsrunde Vier: Arbeiten die keine Runde brauchen

Folgende Arbeiten können zwischendurch erledigt werden und brauchen eigentlich keine Runde. Wer mag, kann aber auch für diese Arbeiten Runden einrichten.

- Spülmaschine ausräumen und eventuell angefallenes, schmutziges Geschirr einräumen.
- Waschmaschine befüllen, einschalten, waschen lassen und wieder ausräumen. Trockene Sachen werden gleich weggeräumt. Bügelwäsche kommt in einen Korb für die wöchentliche Runde.
- Den Kühlschrank immer, wenn man mit Einkäufen nach Hause kommt auf verdorbene Lebensmittel kontrollieren, und die freien Fächer abwischen, bevor man die neuen Lebensmittel einräumt.

Level 2

Level 2 sorgt dafür, dass die Wohnung im Laufe der Zeit immer ordentlicher und besser organisiert wird, und dafür, dass das Zuhause auch über viele Jahre schön und gemütlich bleibt.

Zusatzrunde Eins: Baustellen beseitigen

Jede Wohnung hat „Baustellen", denen man sich gesondert widmen muss. Dinge die beseitig oder ausgebessert werden müssen. Führen Sie eine Liste und planen Sie regelmäßig Zeitfenster für die Beseitigung von Baustellen.

Zusatzrunde Zwei: Einzelne Bereiche neu organisieren

Die Wohnung muss gut an die Alltagsbedürfnisse und Lebensgewohnheiten angepasst sein, damit sie gemütlich ist und leicht aufgeräumt werden kann. Werfen Sie regelmäßig einen kritischen Blick auf die Bedürfnisse und Gewohnheiten Ihrer Familie, und ändern Sie falls nötig Teilbereiche der Wohnung. Passen Sie die Wohnung an Ihre Bedürfnisse an und nicht sich selbst an die Wohnung.

Zusatzrunde Drei: mit Fremdblick gründlich machen

In gewohnter Umgebung werden die Sinne „heruntergefahren". Wir nehmen das eigene Zuhause anders wahr als eine fremde Umgebung und sehen vieles nach einer Weile gar nicht mehr. Versuchen Sie regelmäßig Ihre Wohnung mit den Augen eines Fremden zu sehen, und machen Sie einzelne Bereiche mit Hilfe dieses „Fremdblickes" wieder frisch und gründlich.

4143279R00052

Printed in Germany
by Amazon Distribution
GmbH, Leipzig